知　见

见前所未见

向上社交

涟城　著

·北京·

图书在版编目（CIP）数据

向上社交 / 涟城著. -- 北京 ：文化发展出版社，2024. 10. -- ISBN 978-7-5142-4447-2

Ⅰ. C912. 11-49

中国国家版本馆 CIP 数据核字第 202403JP22 号

向上社交

涟城　著

责任编辑：刘慧玲　　　　责任校对：岳智勇

责任印制：邓辉明　　　　封面设计：博文斯创

出版发行：文化发展出版社（北京市翠微路 2 号　邮编：100036）

网　　址：www.wenhuafazhan.com

经　　销：全国新华书店

印　　刷：金世嘉元（唐山）印务有限公司

开　　本：870mm × 1220mm　1/32

字　　数：169 千字

印　　张：7

版　　次：2024 年 10 月第 1 版

印　　次：2024 年 10 月第 1 次印刷

定　　价：59.80 元

I S B N：978-7-5142-4447-2

◆ 如有印装质量问题，请与我社印制部联系　电话：010-88275720

目录

1 开局定势——社交中的先手与布局

2 因人施言——掌控话语分寸的社交智慧

3 巧言有术——破解他人逆反心理的社交手段

4 心理博弈——洞察人心的语言艺术

5 赞美之道——夸人要学会“量体裁衣”

6 所谓情商高，就是在恰当的时候“投其所好”

7 远离“毒舌社交”——良好的人际关系不允许你口无遮拦

8 社交“禁忌”——别让“不好意思”成为软肋

开局定势
——社交中的先手与布局

开局一句话，定调和对方的关系走向

俗话说“好的开始是成功的一半”，初次见面说好开场白，才能得到继续表达的机会。在现代社会中，只会做、不会说，就很容易被忽视。要想得到他人更多的关注，就要善于向上社交，掌握人际交往的技巧和智慧。

人生在世，几乎每个人都不可避免地要参与到社交之中。而在快节奏的现代社会，留给我们展示自己能力的机会屈指可数，这就需要我们适应时代趋势，在社交中做到快、准、狠。与社交对象的第一印象，决定了日后的关系走向。

在某个公司的新人大会上，20位职场“菜鸟”在前辈和领导面前进行自我介绍。然而，领导们听了很久，却一个人也没记住。因为这些新员工的自我介绍都太平淡了，只有套路模板，没有令人耳目一新的感觉。大家说的无非是什么“我叫 xx，我今年 xx 岁，是 xx 部的员工”……极少数人会在自我介绍时加上自己的喜好，例如“我喜欢撸猫”“我喜欢剧本杀”“我喜欢 xx 游戏”，等等。千篇一律的开场白早就让领导们听烦了，耳朵几乎要起茧子了，有些领导的脸上已然露出了不耐烦的神色。

这时，一个精妙的开场白吸引了领导们的注意。

“我叫刘 xx，这是我的‘使用指南’，接下来，我想跟大家介绍一下怎么更好地‘使用我’。”

领导们眼前一亮，转而聚精会神地听他说下去。

“我的‘创新力’很强，所以能给各部门的活动策划献计献策，但希望大家不要嫌我太发散，在我天马行空地想象时，大家不要以为自己的时间被耽误了，从而无所顾忌地打断我。

“我的‘内驱力’很强，如果兄弟部门要找我合作的话，一定要告诉我做这件事的意义，比如‘真的让用户体验变好’，比如‘让人们感受到快乐’。一旦被意义感召，我就会全身心地投入其中，但如果只跟我说：‘必须做，没有理由。’我就会缺少斗志。

“最后，我的‘分析力’比较缺失，统筹、数据分析这类工作似乎不是我的专长。所以我会在最短的时间内找到公司里分析力强的伙伴，做你的‘跟屁虫’，在我思路不清楚的时候求助你，当然，我也可以贡献我的创意，跟你交换。”

这样一份独特的“使用指南”让领导们和同事们都对小刘产生了很深的印象。在之后的工作中，小刘果然得到了老板的青睐，很快就升为部长。

在短短的几分钟内，小刘用一句话吸引了领导们的视线，宣传了自己，让众人印象深刻。“使用指南”的说法幽默又有新意，在介绍自己爱好、性格、优缺点的同时，又让大家知道该怎么和他合作。因而，在与领导交流时，尤其在有很多人的场合中，一句幽默的开场白能够让你鹤立鸡群，成为人群中的焦点。

“话有三说，巧说为妙”，关键在于一个“巧”字。事实上，开场白的方式非常丰富，针对不同的人，在不同的时间、地点、情景下，都需要选择不同的方式，才能达到最佳的沟通效果。比如说：“黄总，久仰久仰啊！您企业的产品在市场上的口碑非常好，我今天可是慕名而来啊！”或者说：“黄总，您的厂房真气派，真是让我大开眼界啊！”

通常情况下，人们不会拒绝赞美，一句简单的溢美之词，或许就能成为拉近双方关系的契机。另外，找到一个恰当的中间人，称自己是听某某介绍，才慕名而来的，大家都相熟的推荐人，也是拉近双方关系的好方式。

古波斯诗人萨迪在《蔷薇园》中说：“在要说一些事之前，有三件事要考虑：方法、地点、时间。”这也说明一个人在说出一句话的时候要结合身边的多种因素，考虑到对方的所想和所需，才能一点到位。

英国剧作家本·琼森也说：“语言最能暴露一个人，只要你说话，我就能了解你。”语言之重要，生活中处处可见，而第一句话更是人与人之间沟通的桥梁，是打开心房的钥匙。

由此看来，说好第一句话是极为重要的一项技能。怎样才能保证说好第一句话呢？

有效控场三要素

1. 做好功课，换位思考

在开口说第一句话前，最好事先做好功课，仔细研究一下对方的性格，判断其可能喜欢的方式，站在对方的角度去想象这句话在别人耳中会有什么样的感受，再制定多种表达方案。

2. 仔细观察，再三思忖

如果找不到资料，也没有机会事先了解，纯属偶遇，那就仔细观察对方的神态表情，再慎重开口，三思而后行，不要逞一时口舌之快，说完第一句话后，在脑中勾勒一下对方可能会产生的反应，有针对性地准备第二句话，不要自以为是，一味去说，容易引起他人反感。

3. 真心诚意，自然思虑

要放平心态，真诚相待，才能确保眼神和肢体的自然协调性，看起来才不会显得尴尬。让对方感到轻松自在，更容易拉近彼此距离。言行在美而不在多，急于表达自己，会让人产生压迫情绪，从而对自己好感全无。

一语定成败：你的话里早已埋下结果

有道是：一句话能说得惹人笑，一句话也能说得让人跳。说话要掌握分寸，同时也要掌握火候，成事坏事有时候往往就在于一句话，很多成功人士在说话时，该说的时候说得恰到好处，不该说的时候一句话也不说。同时更应该明白，熟练运用语言技巧，学会察言观色、谨言慎行，才能获得更好的交谈目的。

很多人都看过《铁齿铜牙纪晓岚》这部电视剧，对正义聪明、随机善变的纪晓岚印象深刻。实际上的纪晓岚确实思维敏捷，且深谙“一句话能成事，一句话也能败事”的道理。

有一次，大臣王翰林的母亲八十大寿。纪晓岚身为王翰林的同僚，也被邀请赴宴。席间，王翰林得知纪晓岚文采斐然，便请他为自己的母亲作一首祝寿诗。在满座宾客的起哄下，纪晓岚悠悠开口：

“这个婆娘不是人。”

这句话一出，所有人的表情都冷了下来，王翰林和他的母亲更是脸色大变，场面十分尴尬。

只见纪晓岚不慌不忙地接着说：

“九天仙女下凡尘。”

这句一出，大家都活跃了起来，交口称赞。没想到纪晓岚继续说道：

"生个儿子去做贼。"

大家又冷了下来，你看看我，我看看你，不知道纪晓岚下面要说什么。只听纪晓岚接着说道：

"偷得蟠桃献母亲。"

这首诗一出，全场欢呼，赢得了满堂彩。王翰林和他的母亲也赞不绝口，十分欣赏。

纪晓岚用一句话冷场，又用一句话救场，实在令人佩服。而在现代人的沟通交往中，"一句话"的力量同样很大。既然一句话可以成事，那么一句话也自然可以"败事"。所谓"祸从口出"，就是指说话不当也能让人摊上事儿。有些人说话极不靠谱，无意中伤害了别人，也让自己追悔莫及。

北齐文宣帝高洋能够篡位成功，彭城县公元韶的功劳不小。元韶的妻子是高洋的妹妹，是皇亲国戚。有一天，高洋和元韶闲聊，突然问他："汉光武帝刘秀何以中兴汉室？"

元韶想也没想就回答道："那是因为篡权的王莽没有把刘氏杀绝。"

此话一出，高洋的脸色立即变得铁青。高洋自己也是通过篡权上位的，听了元韶的话，能不起疑心吗？于是他下令，把元家所有人都幽禁起来。元韶也被囚禁在地牢里，他没有食物，只能啃食自己的衣袖，最后活生生饿死了。由此可见一句话的"力量"。

当然，有时候事情搞砸也不单单是一句话的事，有些人话太多，所以便给自己惹了很多麻烦。《管子》中有云："多言而不当，不如其寡也。"这句话的意思是：多说话但若说得不恰当，还不如少说话的好。

另外，也不能添油加醋地传闲话，不要乱开玩笑，不要过度玩笑，因为这些行为都容易破坏人际关系的和谐。总而言之，不得体的话不仅伤害别人，也会让自己追悔莫及。

所谓“谨言”，不是不敢发表个人见解，而是说话要有理有据，还要讲究策略，切记不要过于偏激。所谓“慎行”，不是闭关自守裹足不前，而是要审时度势三思而后行，说话做事也应当把握分寸和火候。

有效控场三要素

1. 察言观色，谨言慎行

在人际交往中，细心观察对方的神情变化，捕捉那些微妙而关键的信号，是预测对话走向、把握沟通氛围的关键。这一过程要求我们在言谈举止间保持高度的警觉与敏感度，一旦发现所谈及的某个话题触动了对方的不悦或不适，需迅速而巧妙地转换话题，以避免沟通不畅。

2. 实话不实讲，直话不直说

原本真实、直性是美德，但在人际交往中，要了解因人而异、因地而异的重要性，要灵活变通，该诚恳的诚恳，该婉转的婉转，必要时，善意的小谎言也可以尝试。

3. 不添油加醋地传播闲言碎语

与人交往听到别人谈到涉及第三人的话，断不可添油加醋地传播出去，否则，难免节外生枝，让人产生不快，甚至影响集体团结。“闲话是股冷漠的寒风，会把朵朵友谊之花吹掉。”有些闲话利害攸关，如果不假思索地传开来，便会“摊上事了”。

破冰有术：巧打招呼拿下印象分

俗话说："良言一句三冬暖，恶语伤人六月寒。"从中可以深深领悟语言的奥妙，可缓解尴尬氛围，也能得到好人缘，减少人际交往的困惑和烦恼。

而主动破冰，是一段关系开启的前提。有的人希望别人喜欢自己，但却不主动出击，这就导致一段关系的走向变得很被动。主动和别人打招呼，才能遇到机会。

打招呼，是人与人交往的起点。情商高的人，与人见面会第一时间向对方问好，给对方留下一个好印象。

一条街上开了两家奶茶店，但是一家生意红火，另一家却是门可罗雀。有一个顾客十分好奇，他发现两家店的价格一致，口味和分量也差不了多少，为什么会造成这种差异呢？在连续两天的调查后，他终于得到了答案。

原来，生意好的那家奶茶店店主十分热情好客，每当顾客上门，店主就微笑着向顾客打招呼，并且亲切地问对方需要什么。而另一家店却十分冷淡，无论是店主还是员工，都只顾着忙自己的事，从不主动与顾客寒暄。久而久之，顾客自然偏向热情的那家店。

不可否认，打招呼可以让氛围变得和谐，哪怕只是一句"你好"，也能掀起人心中的波澜。无论是走亲访友，还是拜访客户，都要主动打招呼，这是最基本的礼仪。通过打招呼，能分辨出沟通对象此时的心情。如果他微笑回应，说明心情不错；如果他面无表情，或者笑容勉强，说明他心情不佳。所以，通过打招呼，可以快速判断出之后的沟通走势，也能随机应变，达到自己的目的。

在一个养牛的小镇，有一个叫里奥的年轻人，他拥有常春藤名校的博士学位，却怎么也找不到工作，只能做最基础的活计。他不怎么与家人联系，也没什么朋友。工作不称心，生活又冷冷清清，这让他十分痛苦。一番纠结之后，他决定找心理医生。

见到心理医生后，里奥开口就是抱怨，说他们小区的居民怎么没有礼貌，每天牵着狗闲逛，声音很吵。心理医生问他："你没有对小区的管理人员说这件事吗？"

里奥愣了一下，然后回答："我不知道管理人员是谁。"

心理医生有一丝诧异，接着问："你在小区已经住了三年了，真的一个人都不认识吗？"

里奥非常坚定："我连看都不看他们一眼。"

心理医生说："那我知道该怎么治疗你了。下次再见到别人时，说一句'你好'就够了。"

"你好？"里奥将信将疑："就这两个字？"

看到心理医生笃定地点头，里奥只能起身回去，按照心理医生的方法去做。在回家的路上，他碰见了一名带着狗狗遛弯的邻居。想起心理医生的话，他鼓起勇气，主动微笑起来，对邻居说道："你好。"

令他没想到的是，邻居十分热情地回应了他，还让他摸自己家的小狗，并和他聊了起来。

三个月后，里奥再次去见心理医生。这时的他已经发生了巨大的变化，不仅找到了合适的工作，还交了很多朋友，有了一个善良热情的女友。他对心理医生说："'你好'两个字的威力是巨大的，它让我知道，原来和人沟通可以这么简单。"

这就是主动打招呼的"魔力"，更是破冰的基础技巧之一。此外，打招呼之前，得分清场合，任何时间、场所都用同一种方式打招呼，不仅显得僵硬，也并不实用。调整语言，懂得变通，才能增进人与人之间的感情。

爱美之心人皆有之，张姐体形较胖，正在努力减肥中，很怕别人说她"你最近怎么又胖了"之类的话。有一天，她自认减肥挺有成效，便穿了件新连衣裙，美滋滋地逛街。这时，碰巧公司里出了名的老实人小王迎面走过来，小王想都没想，顺口就跟张姐打起招呼："张姐，太瘦了！"

张姐兴高采烈地说："真的吗？太好了！"不料小王急忙纠正："我是指您的衣服太瘦了！您穿着不合适，赶快去买件大号的吧！"张姐当场沉下脸，没再理会小王，气呼呼地走了。小王一个人在原地尴尬得不知所措，心想自己也没说错啊。

不管张姐是否能够理解小王不会撒谎的个性，小王那种说话大大咧咧、无所顾忌的态度，都会让人感觉不舒服的。虽真实却略显刻薄的言语，直接戳到张姐的痛处，张姐不满也是人之常情，闹到不欢而散再正常不过了。与其这样，倒不如从一开始就不打招呼为好。

其实，以小王那种不会说谎的个性，或者不愿撒谎的初衷，也有妥当折中的打招呼办法，可以说："张姐，最近精神很好啊！""张姐，感觉您今天心情不错啊！""张姐，逛街去啊？"就可以巧妙地回避胖与瘦这类敏感话题了。

有时候，即使不用善意的谎言，只要刻意回避一些无法让对方满意的话题，都比过分坦率要更有实际意义和价值，还能让听者心里舒服。“人逢喜事精神爽”，对方心里高兴，表情祥和，也会给人一种美感。

想来小王若用心跟张姐打好这个简单的招呼，让张姐产生表情祥和的美感效果，也是小王帮助张姐变美的一种有效方式。若小王跟张姐是无话不谈的好闺蜜，适当提醒张姐，相信张姐是可以接受换大码衣服的建议的，但小王跟张姐关系没有熟到那种程度，直言不讳就显得不太合适了。

刚参加工作的小张，最怕给别人留下不礼貌、不尊重他人的坏印象，向领导和同事请教问题时经常把“李老师、王老师”这类称呼挂在嘴边，同事们对小张的评价都不错。可小张发现每当他称老李为“李老师”时，老李都意兴阑珊，有时候还扭头就走。

原来老李虽然比小张进公司的年头长，但因学历低，工资水平、福利待遇都不如小张，他只是一个普通办事员，听到小张称呼他为老师，他总觉得是被讽刺了，所以心里很恼火。

小张完全是出于热情和尊敬的想法，奈何老李无福消受。所以在打招呼的时候，也要注意对象，了解对方在一个团队中所处的位置，揣摩透对方的心理，找到对方喜欢的方式，才能“打”出让对方听着舒服的“招呼”，打招呼的效果才能发挥到极致。

小张莫不如先问问其他同事，或者留心别人怎么称呼老李，或者干脆客气地问：“我是新来的小张，不知道该怎么称呼您？”通常，老员工收到新同事这样礼貌的发问，都不会拒绝回答的，如此一来就可巧妙避免许多职场矛盾。

从上述案例中可以看出，打招呼要注意人物、时间、地点、场合，不同情况下有不同的招呼语，看似简单，实则讲究。

有效控场三要素

1. 因人而异

正常情况下，与人见面应先主动且大方地打招呼。若自己是长辈就以和蔼可亲的口吻，若自己是晚辈就以彬彬有礼的态度。另外要注意：男女有别、长幼有序，不可信口乱说。现今时代，女人都追求年轻化，见稍年长的女性可称“姐姐”，少用“大姐”。同时还应注意尊重他人，不要拿他人缺陷开玩笑。

2. 因时而异

打招呼也要随时间变化而自然巧妙地变化。如“早上好、早安、吃过没呢”“中午好、午安、午休了”“晚上好、下班了吧、晚安”等等。

3. 因地而异

在公共场所，比如大街上、公园里、餐馆中、商店超市，若遇到熟人，可自然地大声问候，或寒暄交谈。若在开会时间、电影正上演之际、听音乐会中，都不可大声寒暄，向对方微笑招手、点头示意即可，若距离很近，可以试着轻声问候一下。正式称谓在办公环境和正式商谈中使用；随意些的称谓在聚餐、晚会、活动等娱乐性的场合中使用，需随机应变，不要口无遮拦，不经思索就妄言招呼！

话里藏情：用“似曾相识”提供情绪价值

沟通的核心，本质上是一场微妙而深刻的能量交流与转换过程。在这一过程中，每个人都怀揣着期许，渴望从对方那里汲取正能量与积极的情感价值。相反，当负面情绪如阴霾般笼罩时，它们便构筑起一道无形的屏障，形成相互排斥的磁场效应，使得双方之间的距离在不经意间悄然拉大，心灵的桥梁也因此变得难以逾越。

小美刚失业的时候，情绪低落，花了很长时间才让自己重新振作起来。而后，她不想再找工作了，打算做微商。然而，朋友A在听完她的计划后非常惊讶，劝她说：“微商太不现实了，你还是踏踏实实地找份工作吧。”这让本来就对事业失去希望的小美更加郁闷。

后来的某一天，小美把这个想法告诉了另一位好朋友B。本以为B也会阻挠自己，没想到，B非常高兴地说：“这个想法很好呀，现在微商做好了利润非常可观，我觉得你可以试一试。”

小美有些不可思议地问道：“你真这么想的呀？可大家都泼冷水，让我打消这个念头。”

B继续鼓励道：“其实，做微商并没有你想象中那么难。你很聪明，朋友也多，肯定会很快上手。而且，做微商的成本也不高，即使失败了你也可以从头再来。”B说的一番话让小美重拾自信。后来，小美的微商事业做得风生水起。

在社交活动中，人们自然而然地倾向于与高情商的人交流，因为这样的交流可以放松与愉悦自己的心灵，从中汲取宝贵的情绪滋养。反观那些不擅长交流的人，他们往往在不经意间就让话题陷入了僵局，不仅无法传递正面情绪，而且让对话戛然而止，现场气氛随之变得尴尬而沉闷。相比之下，情商高的人则仿佛拥有了一种魔力，他们总能让对话持续流动，这是因为他们理解并尊重了“同频共振”的社交原则。

人们内心深处总是渴望与那些心灵相通、兴趣相投的人建立联系。因此，在社交场合中，如果能够巧妙地触及并分享彼此的共同兴趣与爱好，就能迅速拉近心与心的距离，让对方感受到“我们同属一个世界”的强烈共鸣，进而对你产生更深层次的认同与好感。这种基于共同兴趣建立的连接，无疑为社交关系增添了更多的稳固与温馨。

小林要被老板带去见一名很重要的女客户，她提前加了女客户的微信，看到她曾晒出过一款香水。小林暗记于心，等到了和女客户见面的那天，小林特意喷上了同款香水。二人握手时，女客户闻到了小林身上的香水味，感觉很熟悉，于是问道:“你也用这款香水吗？”

小林笑着答道:“当然了，我特别喜欢这个牌子的香水，尤其是这款香型。”紧接着，她说了一大堆关于这款香水的优点，女客户连连点头赞同。

之后，女客户和小林成了好朋友，小林的业绩也因为和女客户的合作变得更好了。

共同话题是沟通中必不可少的元素，如果没有共同话题，即使两个人没话找话，也不会产生内心的联系，等沟通过后就会将对方抛诸脑后。常言道，“志同道合，方能相聚”，这揭示了一个深刻的社交现象：那些拥有相似兴趣、相近社会层次和相近思维方式的人们，更容易相互吸引，结伴而行。当我们邂逅与自己心灵相通的人时，那份“相见恨晚”的共鸣油然而生，促使我们敞开心扉，畅所欲言。共同话题，就如同开启心灵之门的钥匙，它不仅能够打破初次见面的隔阂，还能引领双方关系向着更加亲密与深入的方向发展。

精准地选择话题，是触动人心、拉近彼此距离的巧妙策略。它如同搭建起一座桥梁，让双方的心灵得以顺畅地交流与共鸣。那么，要如何精准地捕捉到与对方共有的话题呢？

首先，细致的观察与倾听不可或缺。通过留意对方的言谈举止、兴趣爱好乃至生活细节，我们可以捕捉到一系列可能引发共鸣的线索。

其次，主动询问与分享也是寻找共同话题的有效途径。通过礼貌而真诚地询问对方的兴趣所在、工作经历或生活趣事，我们不仅能够展现自己的友好与尊重，还能在对话中自然地引导出双方共同关注的话题。同时，适时地分享自己的相关经历或见解，也能激发对方的共鸣与回应，从而进一步拉近彼此的距离。

最后，保持开放与包容的心态。在寻找共同话题的过程中，我们可能会遇到一些自己并不熟悉或不感兴趣的领域。然而，正是这些差异与多样性构成了世界的丰富多彩。因此，我们应该以开放的心态去接纳与了解对方的世界观与价值观，从中寻找那些能够跨越界限、引发共鸣的共通之处。

总而言之，要找到彼此的共同话题，需要我们具备敏锐的观察力、真诚的交流意愿以及开放包容的心态。只有这样，我们才能在人际交往中精准地选择话题，触动人心，拉近彼此的距离。

有效控场三要素

1. 提供情绪价值

每个人都希望从别人身上获得积极的情绪价值。因此，在社交中，要保持情绪稳定，多多称赞别人，不要消极怠慢、意气用事。

2. 找准话题

在寻找共同话题时，需要提前做好功课。切记，当对方的神色因为某个话题而变得不自在时，要及时变换话题。

3. 投其所好

在说话时投其所好，找到彼此间的共同话题，可以拉近距离，畅所欲言，并且能够让对方感到亲切，让其一见如故。

因时而变：灵活应答保持沟通愉悦

说话完全不分场合，想到什么就说什么，哪怕是再好的话题，再动人的词句，也会造成不好的影响，有时候甚至是非常恶劣的后果。无论是平时同他人进行普通交谈，还是在重要场合应酬，都必须看清所处的情境和场合。充分利用场合效应，有时候往往能够取得意想不到的惊人效果。

鲁迅先生写过这样一个故事，证明了说话要注意场合的重要性：

一户人家喜得贵子，家人喜出望外，对孩子呵护备至，在邀请大家喝满月酒的时候，孩子被抱出来给客人看，目的是想讨个好兆头。

第一个客人看了看孩子说："这孩子将来要发财的。"家人对这位客人表示感谢。

第二个客人看了看孩子说："这孩子将来要做官的。"家人对这位客人马上恭维一番。

等到第三个客人看孩子时，他说："这孩子将来是要死的。"结果这位客人被大家合力暴打了一顿。

平心而论，第三个客人说的是实话——任何人将来都要死。如果是在一个探讨生命意义的演讲上说这种话，也许他还能获得一片掌声。但是，这位客人错在没有区分说话的场合：孩子办满月本来是喜庆之事，孩子的家人也想听到吉祥、赞美之词，哪怕对方说的是恭维的“假话”，也好过不吉利的“真话”，这位客人没有认清自己所处的情境，挨打也是不冤的。

做一个会说话的人其实并不难，只要你能分清场合，在合适的地方说合适的话，就一定能够得到别人的认可，受到大家的欢迎。

然而，有些人却分不清场合，例如对胖人说：“你现在怎么越来越胖，现在去游泳都不用带游泳圈了。”

对矮子说：“哎呀，你怎么又变高了，是不是在鞋子里面垫增高鞋垫了？”

对刚做母亲的人说：“没想到你长得不怎么样，生的小孩倒是很漂亮。”

对单身女性说：“你看看你妆化得也太浓了吧，这样是不会有男人喜欢你的。”

有句话叫“见人说人话，见鬼说鬼话”，一个情商高的人，懂得随机应变。有些话只能对特定的人说，有些话也只能在特定的场合说，这正是“什么山上唱什么歌，什么时候说什么话。”

在人际交往中，沟通的效果深受所处场合的影响，不同情境下的交流往往能引发截然不同的反应与结果。

在戏曲艺术界，不乏舞台经验丰富的老艺术家，他们拥有根据现场氛围即兴调整台词的非凡能力，这既可能是为了增添表演趣味，也是出于避免触及禁忌的考量。被誉为“伶界大王”的谭鑫培便是此类高手之一。

清末时期，身为宫廷御用京剧名伶的谭鑫培，常获邀至紫禁城内献艺。某次，恰逢慈禧太后寿辰庆典，谭鑫培被委以重任，在宫内扮演《捉放曹》中的陈宫一角。剧中，当需念诵“那老丈一片好心，杀猪宰羊，款待你我，不要多疑”的台词时，谭鑫培机敏地将“杀猪宰羊”巧妙改为“杀猪宰牛”。

这一突如其来的变化，令在场观众初时误以为他口误，包括慈禧太后、李莲英及众多王公贵族在内的戏曲爱好者，也纷纷认为是表演失误。因此，演出结束后，谭鑫培并未获得任何赏赐。他默默退场，未加辩解。

事后，友人问及此事，谭鑫培才道出缘由：“提及‘羊’字已属敏感，更值此羊年，慈禧太后与李莲英皆属羊，若按原词演出，恐被视为大不敬之举，万一有人借此生事，向李莲英进言，我的性命恐将不保。”

原来如此，谭鑫培的此番改动实则是出于对皇家成员属相及当时年份的深刻洞察与谨慎避讳。得知真相后，慈禧太后与李莲英非但没有怪罪，反而对谭鑫培的机智与细心大加赞赏，并赐予了他丰厚的赏赐。

可见，无论是处理事务还是进行言语交流，我们都应当具备敏锐的环境感知力，懂得根据场合的不同来灵活调整自己的行为和言辞。这意味着，我们要避免陷入一成不变的思维模式，即“死心眼儿”，不应盲目地触及那些可能引起不适或冲突的话题，不应“哪壶不开提哪壶”，以免在不经意间伤害了他人而不自知。

言语，作为内心情感与思想的直接表达，其重要性不言而喻。正如“言如心声”，一个人的话语往往能够真实反映其内心世界；同样，“文如其人”，文字作品也是作者个性与品格的展现。而说话，作为日常生活中最为频繁的沟通方式，其影响力更是不容小觑。因此，在开口之前，我们应当深思熟虑，确保自己的言辞既能够准确传达信息，又能够尊重他人，避免不必要的误解和冲突。

俄罗斯总统普京每年都会参加国内的“直接连线”节目，当然大部分都是关于经济、民生以及军事的问题，也不乏天马行空的问题。但不管是严肃正经还是让人忍俊不禁的问题，普京都能够机智应对。

一个 6 岁的小女孩向普京提问：“如果你掉到水里，奥巴马会救你吗？”普京微笑道：“首先，我并不希望溺水这种不幸的事情发生在我的身上，其次，我没有办法说自己和奥巴马总统拥有极其亲密的私人关系，但是，他是一个非常正派和勇敢的人，所以我觉得他会出手相救。”

普京深谙说话技巧，回答这个问题的场合，并不是私底下，不能随便乱说，他面对的不仅仅是一个小女孩，更是全世界人的注目，所以这个场合不容小觑，稍有差错，就可能被有心之人拿来大肆做文章。

他首先站在私人关系的角度，没有肯定地说救或者不救，以免今后被人钻空子，而是夸赞了一番奥巴马，相信在人品这一层面上，奥巴马一定会挺身而出，这个回答是非常巧妙的，不会给别人任何可乘之机。

那么，在日常生活中，该注意哪些方面，才能够熟练掌握“不同场合说不同话”的技巧呢？

有效控场三要素

1. 该坚持时就坚持

在沟通过程中，尤其在重要公开场合，要维护自己所要表达的立场，言辞可以适当温和、礼貌，但是立场不可以随着对方的心情随意更改，国家利益等原则在什么时候都是底线。

2. 该简练时就简练

多数情况下，说话最好语句完整且符合语法，但特殊场合就要学会变通。比如司机闯红灯，人们会喊“红灯”，交警也会大喊：“请注意，前方红灯！”而不是长篇累牍：“这位先生 / 女士，现在是红灯，这个信号不能往前行驶，需要减速停车，只有每个人都遵守交通规则，才能保障人身安全。”

3. 该婉转时就婉转

在公开场合，说话不能仅凭个人喜恶，要充分理清各方关系，顾全大局，多寻找对方优点，以合理的逻辑作最佳最优结果的预判，而非评判、影射、暗示他人的人格品质。

借势引流，巧用“捧杀”把对方当成主角

小王去新客户张大爷家推销产品，一进门他就发现，张大爷神色不友好，很显然对他这个推销员一点都不欢迎。他对张大爷说：“张大爷，您身子骨可真硬朗，一看就是常锻炼。”张大爷听惯了这种问候，冷冰冰地说：“还行吧。”

小王略微环顾了一下，注意到窗台边挂着的鸟笼里，色彩斑斓的鸟儿正叽叽喳喳地叫着。他机灵地说道：“您这鸟真好看，您也喜欢遛鸟吧？我家老爷子也喜欢遛鸟，他整天跟我说，这遛鸟啊，可有大学问呢。”

张大爷一下子来了兴趣，兴高采烈地说道：“小伙子，没想到你年纪轻轻，对遛鸟还有了解。其实这遛鸟，还真的是不简单。”小王连忙接口：“那您赶紧好好给我讲讲这里面的大学问，让我学习学习。”张大爷便一改之前的冷漠神色，侃侃而谈。

小王引导张大爷成为主角后，就认真地倾听。通过这次聊天，小王给张大爷留下了好印象，最后小王顺利地争取到了这个新客户。

俗话说万事开头难，一般与人第一次交流时，因为缺少了解，对方多少有些防范心理，又不能很快找到共同话题，所以往往得不到好的结果。而正确的打开方式，就是要学会引导对方成为第一次交谈的主角。

小王显然深谙此道，他发现交谈的对象张大爷比较冷淡之后，就开始有意地寻找张大爷的兴趣所在，看到鸟笼里的鸟之后，他想到老年人都喜欢遛鸟，便将话题引到遛鸟上来。谈到遛鸟，张大爷可谓这方面的专家，自然而然成为话题的主角。他表达的欲望得到满足，也因此对小王好感倍增，小王后面的推销才会成功。

哲学家詹姆士曾说过："人类本质中最殷切的要求是渴望被肯定。"然而，有的时候，赞美和肯定会成为毁掉一个人的工具。东汉应劭所撰的《风俗通义》中说："长吏马肥，观者快之，乘者喜其言，驰驱不已，至于死。"意思是，有个人善于养马，他骑马飞奔在路上，路边的人不停地赞美其马跑得快。众人越夸奖，他越得意，越快马加鞭，结果累死了马。

鲁迅先生在《花边文学》中的《骂杀与捧杀》中也说："现在有些不满于文学批评的，总说近几年的所谓批评，不外乎捧与骂。"

"捧杀"在现代社会，几乎成了贬义词。然而，在社交中，"捧杀"不失为一种巧妙的沟通办法。通过"捧"引导别人多说话，把捧的作用放大，把杀的作用减小，就能做到"借势而上"。

原一平在拜访建筑业巨头渡边先生时，遭遇了对方初时的冷淡与直接的拒绝。然而，面对这样的不利局面，原一平并未选择放弃或气馁，反而展现出了非凡的坚韧与智慧。他巧妙地采用了一种以退为进、真诚求教的策略，他问："渡边先生，鉴于我们年龄相仿，我深深钦佩您的卓越成就，您能分享一下成功的秘诀吗？"

这个问题触动了渡边先生的心弦。在人际交往中，真诚的赞美与求教往往能够打破隔阂，拉近彼此的距离。渡边先生因此感到盛情难却，最终放下了最初的戒备，与原一平展开了长达三个小时的深入交流。

在整个对话过程中，原一平始终保持着高度的专注与尊重，认真倾听渡边先生的每一句话，展现出了良好的职业素养与人际沟通技巧。这种态度无疑进一步赢得了渡边先生的好感与信任。

最终，这场原本可能无疾而终的拜访，以渡边建筑公司决定将所有保险业务交由原一平负责而获得圆满的结局。这就是“捧杀”带来的利好效果。

简单来说，“捧杀”就是避免自己说得过多。说得过多会暴露你自己，而让对方多说则更利于我们了解对方。卡耐基在《沟通的艺术》中曾说过让对方多说话的三个好处，首先：可以在对方说话的过程中找到我们可以继续沟通交流的话题。其次：你要确认他之前是否在认真听你说话。最后：自己说得太多，嘴会累，脑子也会累，脑子累会影响自己的思维和判断。当然，在鼓励对方多说的同时，我们也需要明确一个平衡点，即并非意味着我们要完全保持沉默。过度的沉默可能会让对话氛围变得尴尬，让对方感到不自在，进而失去继续分享的欲望。我们的目标是营造一个让对方能够畅所欲言、尽情表达的环境，以便我们能够更深入地理解其心意与立场。

为此，我们需要在适当的时机采取策略，巧妙地引导对方展开话题。这可能包括提出开放式问题，激发对方的兴趣与思考；或者通过点头、微笑等肢体语言给予积极的反馈，鼓励对方继续分享。总之，让对方多说并不意味着我们完全放弃自己的发言权，而是在尊重与理解对方的基础上，通过有效的沟通策略，促进双方之间的深入交流与理解。

无论在生活中，还是在工作中，人们给对方的第一印象的好坏，往往决定着双方关系是否能有好的发展，因此在交谈时引导对方做主角的重要性不言而喻，它就像是一块敲门砖，用得好就是金砖，用得不好就是毛坯。

比如，在工作中和同事、领导的第一次交谈，如果可以给对方一个良好的交谈体验，让他们成为主角，会让对方认为你为人谦逊，这对彼此的深入交流有很大的推动作用。在生活中，和新邻居或新朋友的第一次交谈，能否引导对方成为交谈的主角，很大程度上决定了今后邻里关系或朋友关系是否和睦。

让对方成为交谈的主角，也是显示你开放态度的最佳做法，让接触过你的人会有第二次找你交谈的欲望。这样的话，无论在工作上还是生活上，机会都会成倍地增加。

既然引导对方成为主角如此重要，究竟怎样才能成功地在初次交谈中，就引导对方做交谈的主角呢？

有效控场三要素

1. 找准话题切入点

通过观察准确把握对方的兴趣爱好和擅长的领域，围绕其话题来找到准确的切入点进行交谈，自然容易激起对方的表现欲，让其主动交谈，并生出惺惺相惜之感。

2. 耐心倾听对方

不随意打断对方，而是找准时机，发表自己的看法。既要让对方感觉到自己是主角，又不能让对方自说自话，使整个交谈过程缺乏互动。

3. 切忌频繁转移话题

频繁转移话题会让对方认为自己不够认真对话，或者让对方产生自己对交谈并不感兴趣的错觉，以为自己不够重视对方。

尊重为先，让第一句话就展示出你懂人情世故

纪晓岚是清代有名的大学士，关于他与皇帝乾隆、大臣和珅之间的传说很多。有这样一则关于他说话的趣事，特别值得玩味：

纪晓岚曾去五台山游玩，看见一座香火旺盛的寺庙，走进庙时方丈打量了他一番，不冷不热地说了一声“坐”，随后冷淡地交代了一声“茶”，意为以随便的茶水招待这位客人。

后来方丈得知纪晓岚是京城来的客人，立马恭敬站起，领纪晓岚入内厅，改口说“请坐”，随即招呼道“泡茶”，意思是换个稍微好一点的茶。

二人一番细谈后，方丈得知来的竟然是大名鼎鼎的礼部尚书纪晓岚时，态度越发恭敬起来，谦卑地领纪晓岚进入禅房，而后尴尬地赔笑说道“请上座”“泡好茶”。

纪晓岚临走时，方丈请纪晓岚留下墨宝，以光禅院。纪晓岚和颜悦色，毫不吝啬挥毫写了一副对联，对联内容是：“坐，请坐，请上坐；茶，泡茶，泡好茶。”方丈见此对联，羞愧不已。

这个小故事很有意思，也与现实生活中的情景很贴切。它生动形象地告诉了人们在与人交谈时，交谈的第一句话就表现出尊重有多么重要。假如方丈一开始就心存敬意，从第一句话开始就透露着尊重，而不是看他穿着随意，不像达官显贵，就随意怠

慢，也不会落得如此尴尬的场面了。

人们往往很重视第一印象，第一印象大多通过第一句话来表现。倘若第一句话就让别人觉得不受尊重，无论之后如何补救、如何表现，都很难得到认可，并容易让他人产生阿谀奉承的不良感觉。

有时候，一句话的作用特别大，尤其是和人交谈时说的第一句话，如果能在第一句话就对人表现出恰当的尊重，那么可能这第一句话就是成功的关键。

许多商人的成功，离不开机缘巧合结识的人，而结识这些人也与他们自身良好的修养和懂得尊重他人有关。

有一天，一个颇有名望的富翁在路边散步，遇到一个衣衫褴褛的年轻人在寒风中瑟瑟发抖，嘴里一边啃着发霉的面包，一边还在坚持摆地摊卖旧书。富商顿生怜悯，给了年轻人 8 美元。随后富商觉得做得不妥当，于是连忙回来，从地摊上拿起两本旧书，抱歉地解释说他忘了取书，希望年轻人不要介意他的大意，还郑重地告诉年轻人："其实，您和我一样也是商人。"

几年以后，富商应邀参加慈善募捐会议，突然有一位西装革履的年轻书商迎上来，紧握他的手不无感激地说："先生，你还记得我吗？我一直认为我这一生只有摆摊乞讨的命运，你的话使我树立了自尊和自信，从而创造了今天的业绩……"

在故事中，如果富人仅仅把钱给贫困的年轻人，等于将年轻人看成乞丐，给予的钱款就只是施舍，也很难对年轻人产生影响。而当富商充满尊重将那句话说出口时，就是将年轻人看成了和自己一样的商人，意味着两人是平等的，只是人生际遇不同，而鼓励的言语，可以帮助年轻人找到自尊与自信。

因为这句充满尊重的普通言语，年轻人才没有放弃希望并顽强奋斗，这便是尊重的力量。如果富商一开始就带着施舍的意味告诉那个年轻人："喏，这是我可怜你的。"那么即使他后来觉得自己的做法有失妥当，再去找那个年轻人道歉，再去表现尊重，也都为时晚矣。

相信大部分人都不愿意接受一个曾经蔑视自己的人的好意。因为他们的第一句话就让我们觉得备受歧视，所以说，不要奢望可以一开始很随意之后再补救的待人方式。

在生活中，要学会从第一句话开始尊重别人，不可以貌取人。不可以在心底有职业歧视，认为那些工作是低人一等的，就对对方大呼小叫，这样是非常没礼貌和没素养的表现，这样的人也自然不会让他人发自内心地去尊重他。

在职场中，大到公司之间的合作，小到和同事相处，第一印象都相当重要，而第一次见面时从第一句话开始就尊重他人，会让你在职场中抢先赢得好人缘。

其实这个道理很多人都懂，很多人也觉得自己明明每一句话都带着满满的尊重，却还是令他人产生误解。这说明我们表达尊重的方式不对，所以把握住说话的度，掌握一定的说话技巧十分重要。

有效控场三要素

1. 提升自己的内在修养

让自己真正成为一个有内涵有修养的人，从内心深处懂得尊重每一个人，尊重若是发自内心，那么就会水到渠成，显得无比自然。

2. 把握留下好印象之机

为了避免不恰当语言和行为的出现，可以在接触对方前先作一些了解，如对方的脾气秉性、兴趣爱好，避免提及他人不愿讨论的问题。

3. 首句话尽量含蓄委婉

无论是赞美还是批评，含蓄委婉都好过直截了当，一方面可以给人缓冲的时间，另一方面又可以给人回味的余地。

因人施言

——掌控话语分寸的社交智慧

先谋定再表达，据人设选话术

“你居然说我的方案不好，你到底懂不懂做生意啊!”一个日用品公司的小白领在开研讨会时这样对一位西装革履的男士说道。男士听到这话后脸色顿时有些难看，碍于在开会也并没有说什么，只是一针见血地指出了那份方案的不合理之处，其犀利的言辞和准确的判断，顿时让刚刚还在生气的小白领哑口无言。

当天下午，这个小白领就被降职了。原因很简单——那位男士正是公司空降的CEO，而且是靠着自己的能力从基层一步一步走上来的，他对营销方案的处理能力也是受到业界广泛认可的。将小白领降职当然不仅是因为他方案没做好，还有他不懂尊重上司的缘故。

没错，人们在受到否定时心里都会不舒服，往往急于用反驳来证明自己。但当对方确实比自己经验丰富时，反驳就显得苍白无力了，应当把握机会及时向前辈请教，这不仅是给自己台阶下，更是尊重对方、尊重业务的表现。带着积极好学的心态请教前辈，不丢人！

所以，在开口讲话前，真正认识自我，并能准确分清说话的对象，成长速度才能更快。那个小白领不分对象，顶撞前辈，不仅失去了学习机会，也影响了自己的前途。

肖恩是一个住在华盛顿州的日用百货商品推销员，他们公司的日用商品种类极其丰富，大到家用电器，小到图钉报纸等物件。当然，肖恩业绩出众并非公司商品种类繁多，而是他的沟通技巧十分有效，有时甚至只用一个月时间，就能将其他推销员花一年时间才能卖出去的东西推销出去。

有一天，他所在的公司来了一个年纪颇小的实习生。年轻人对这位前辈的推销秘诀很是好奇，于是百般央求肖恩带他一起去推销。两人先是去了一个商务人士家中，肖恩一进门便立即说："我是日用百货公司推销员，今天来想向您介绍一款商务手表，还有一份对您这样的商务人士极为有帮助的商务时报。"一边说一边将商务时报和手表放在客户的面前，客户也十分干脆地买下了这些东西。

实习生眼看肖恩的工作这么容易，就在敲开一位家庭主妇的门时，迫不及待地想要用肖恩刚才的方法，立即介绍产品，却被肖恩拦住了。肖恩跟主妇说的是："看您戴着塑胶手套，想必您是在做家居清洁工作吧！"主妇点头，防备地问他们来意。

肖恩温和地笑着说："我们或许可以给您一点家居清洁方面的经验，比如传统清洁剂与新型清洁剂的效果差别，当然价格差不多哦！”一听这话，主妇放下戒心，与肖恩畅聊起来，说了很多厨房清洁方面的烦恼，肖恩分享了一些小窍门。

待主妇自己主动开口问肖恩有什么好产品时，肖恩才不慌不忙地介绍起来，主妇很乐意地买下了他的商品。肖恩卖完东西后，没有急着离开，又聊了一些家常琐事，才带着实习生走出主妇的家门。

回去的路上，实习生表示对肖恩的做法感到十分困惑，肖恩说：“商务人士一般讲究快节奏的生活，不会浪费一丝一毫的时间，需要的东西也多是快消品，商务时报和商务手表正适合他们。而家庭主妇习惯了生活小事的琐碎，跟她们多聊会才能让她们接受你的商品。我之所以可以比别人卖的东西多，只是因为我会根据不同的对象来使用不同的推销手段罢了。”

其实，说话和推销的道理是一样的，每一类人都有属于自己的特点，而面对不同的人所使用的交流方式也应不同。比如，面对在专业方面非常厉害的前辈时，应该认真谦虚地请教问题，而不应以满脸写着不服气，觉得对方也没什么厉害的傲慢态度来对待。在学习或工作业绩比较差的同学、同事面前，不要趾高气扬地看不起他们，而要以发掘优点的眼光来看待对方。

常言道，“人上一百，形形色色”，意指人群之中，每个人的情感世界与个性特征都是独一无二的。因此，在沟通交流的过程中，我们必须认识到这一多样性，并据此调整我们的言辞内容与表达方式。要想实现有效的沟通，关键在于使我们的言语能够贴近对方的性情与脾气，找到共鸣点，这样才能达到“同声相应，同气相求”的和谐境界。

与不同的人交流时，我们需要细心观察他们的性格特点、兴趣爱好以及沟通习惯，然后灵活地调整自己的沟通策略。比如，对于直率开朗的人，我们可以采用更为直接、坦诚的沟通方式；而对于内向敏感的人，则可能需要更加温和细腻，注重保护他们的情感。

因人而异是沟通中的一项重要原则。只有当我们真正理解了对方，并以对方能够接受和喜爱的方式去表达时，我们的沟通才能够更加顺畅、有效，从而建立起更加深厚的人际关系。

有时候，人常常犯一些沟通方面的错误，多数在于没有分清说话的对象，不能准确判断出如何与这种人沟通罢了。

有效控场三要素

1. 寻找台阶，惯用敬语

对于不同的人要有不同的交流语言，对待上司要懂得用语言寻找各种可以上得去下得来的“台阶”。对待长辈要懂得使用敬语的意义，那已经不是简单意义上的尊重，而是对于养育自己的人的感恩方式。

2. 寻找不同，掌握节奏

迅速判断谈话对象的所属类型，注意用不同的表达方式，就好像政治家交流要使用政治术语一样，商务人士、家庭主妇也有他们的明显特征，以他们日常习惯的方式去沟通，事半功倍。

3. 寻找技巧，懂得引导

看清楚说话的对象，考虑对方需求，以正确立场引导对方，不能将自己的观点强加在别人的头上，才是用语言引导他人认同自己的负责态度。

避开雷区，别碰对方的软肋就是加分项

有一个小男孩，他家隔壁住着一名警察。一年后，这名警察殉职，留下孤苦的妻子，还有一个10岁的儿子。

在此之前，男孩每天放学回家，都是还没到家门口就唤起了“爸爸”，他的声音邻里都能听到。男孩的爸爸每每都会应声前来，那一幕尽显父子二人的融洽与欢乐。

然而，隔壁的警察去世后，男孩的爸爸却禁止儿子在门口喊“爸爸”。男孩十分不解，以为爸爸不喜欢自己了。爸爸解释说：“因为你每喊一次，都等于在提醒隔壁小男孩他的爸爸已经不在了，这会让他更加难过。”

柏拉图说：“要仁慈，你所遇见的每个人都在打一场艰难的仗。”换句话说，为人处世要学会避开对方的“敏感区”，而在与他人的交流和交往中，则要注意说话的技巧，注意措辞，避免“哪壶不开提哪壶”。所谓“不开的那一壶”正是别人不想提，甚至不想让其他人知道的事，在与人说话办事时，要避开这类事件，不去踩别人的“雷区”。

华杰是一个职场新人，三个月前刚刚到公司实习，作为女孩，担任助理秘书的职位。人力资源主管说她比较细心，应该可以胜任这份工作。其实华杰不仅细心，而且特别懂得说话的技巧，并成功挽救了老板的婚姻。

前些日子，她就发现老板心情特别不好，一打听才知道原来老板刚和老婆离婚了，原本两人感情不错，因为一点小口角，互不相让，闹到离婚的地步。老板刚离婚，生活节奏各种不适应，所以心情格外不好，也是正常现象了。

华杰了解到这个情况以后，在老板面前绝口不提爱情啊、离婚啊、情侣之类的字眼，甚至有不了解情况的人来拜访老板，她都会善意提醒一下。总之就是想尽办法阻挡一切让老板更心烦的事情。

在老板闲暇之余，华杰还会给他放舒缓心情的音乐。终于有一天老板主动跟华杰敞开心扉，谈起离婚一事。华杰在老板的言语中发现老板嘴里总是前妻的事，华杰便以半开玩笑的口吻试探着说："要是嫂子真的不好，您怎么还开口闭口地讲着嫂子的事情！"

老板眼珠一亮，华杰马上意识到自己的猜测是对的，紧接着说："嫂子跟了你半辈子，没有功劳也有苦劳啊，一时怄气离了，想通了就复合嘛，男人吃回头草是真情表达，也不是什么丢人的事情啦！"老板此时立即坐直了，问她："你真的这么看？"华杰斩钉截铁地说："这种事情在我们年轻人中每天都得上演个十回八回，我男朋友都重新追我三回了！老板，我支持你把嫂子追回来！"

不久以后，老板和媳妇果然复婚了，夫妻还特意私下里请华杰吃了顿晚餐。实习期一过，和华杰同期进来的实习生走的走，调的调，只有华杰留了下来。老板说华杰很机灵，有眼力见儿，讨喜，关键她还深得老板娘欢心！

人们说话一定要避免"哪壶不开提哪壶"，同时也要看准"哪壶能开就去提哪壶”，这样有助于给别人留下好印象，建立良好的人际关系，同时还能帮助别人，甚至有醍醐灌顶的妙处。

有效控场三要素

1. 不提他人伤心事

任何情况下，都不要主动提及别人的伤心事，别人不想说的事，即使旁边有其他人主动提起了这件事，只要不是当事人主动说，尽量不要插嘴，不要让这个话题延伸开，更不能简单粗暴地提及使别人不开心的事再予以安慰。

2. 转移他人注意力

要学会适时地转移话题。很生硬地转移话题会使大家觉得很尴尬，而恰到好处地转移话题，既缓解了当事人的压力，给人留下冰雪聪明的好印象，又能避免尴尬。

3. 揣摩他人想说的

关心他人要掌握方式方法，很多时候可以采取“曲线救国”的策略，揣摩他人想说又不好意思开口的话，替他人将真心话说出来，才是真正帮助他人之举。言语的安慰只能在一时奏效，通过言语帮助他们脱困才是解决问题的最佳方案。

笑脸常在，找对沟通路径就能征服人心

每年的世界微笑日旨在向全球传递微笑的力量，倡导人们追求积极向上的生活态度。微笑是人类最基本的表情之一，也是一种能够快速建立与增强人际关系的方式。

密歇根大学心理学教授詹姆斯·麦克奈尔说：“那些笑脸常在的人，在管理、教育和推销当中会更容易获得成功，更容易培养快乐的下一代。笑容比皱眉头更能传情达意，这正是为什么教育中更应该以鼓励和微笑取代体罚和处置的原因所在。”

在人际交往中，我们也应当学会用笑脸和温暖的话语温暖人心。

十二楼的20号病房有两位病人，她们因为相同的病情前来就医住院，接受的也是相同的治疗方案，就连主治医师都是同一个人，值班护士也都是同一批人，但在她们中间，每天却发生着不同的故事。

2号床的阿姨总是有一些邻房病友过来找她，跟她聊聊天打发时间，还经常说说笑话，逗得一屋子人开怀大笑，不了解的人根本看不出他们都是病人。而1号床的奶奶却连自己的亲生孩子都很少来探病。

刚来的实习护士丽娜总觉得很奇怪，后来她终于发现了原因所在。“丽娜小护士，今天又是你值班呀，辛苦你了哦。”2号床

的阿姨准确地喊出了自己的名字，她着实吓了一跳，对于刚接手该病房的实习生，她有种被尊重的感觉。

而1号床的那位奶奶，在一个星期内一直喊她："那个谁啊，实习生！你快来一下！"没错，丽娜就是一个实习生，这个称呼似乎没错，但她一直努力希望及早结束实习生涯，正式成为一名好护士，而"实习生"这个称呼，时刻提醒她与其他护士在身份上的差别，让她非常自卑和气馁。

丽娜在为2号床阿姨换药的时候，感受更明显。无论过来查房的是医生还是实习医生，阿姨都能够带着微笑，准确叫出他们的名字，医生们对阿姨格外关照一些，沟通病情更为详尽。在阿姨的亲人没有及时到达医院时，一些病友亲属都很乐意帮助照顾阿姨。

虽然1号床奶奶的孩子很少来探望，但阿姨还是可以喊出他们的名字。可是奶奶整天一副别人"欠他谷子，还他稗子"的模样，不爱说话，也不喜欢求人，想喝水都很困难，想上厕所时也是自己扶着墙根慢慢地走过去。

其实在医院里，有需求时只要开口请求一下，不管是护士、同房病友，或是病友家属，都可能帮扶一把。1号床奶奶自己都不开口说话，谁能知道她有什么需求，要不要别人帮忙呢？

在请求别人之前，能够准确喊出别人名字，并付之以微笑，更能拉近彼此之间的距离。用道德绑架的方式，要求一个人必须给予他人关怀与帮助，这样的效果并不理想。若要打动一个冷眼旁观的人，自己首先也要为建立一段友好关系而努力。

同一个职场同一个岗位，业绩上的差距，有时候就在于他们一个有能力打动陌生人，一个却没有能力。明朗和杰瑞是同一个保险公司的职员，两个人同时入职，只是一年下来，明朗的业绩比杰瑞好很多。

李伯是一个比较难搞的客人。杰瑞对李伯说：“您看您岁数也不小了，孩子已经上了大学，将来毕业在哪工作都不知道呢，靠孩子不如靠保险！”李伯虽然被杰瑞说孩子靠不住，有点不太高兴，心想也是这个理，没吱声，也没反驳。

杰瑞以为李伯对保险感兴趣，就继续兴奋地说下去：“万一孩子将来毕业了也找不到好工作，您再有个什么天灾病痛的，不如为自己后半辈子早作打算！”听他这么一说，李伯当下就火了起来，说杰瑞不仅骂他儿子毕业找不到工作，还咒他生病，直接将他赶出了家门。

而明朗的说话方法则与杰瑞完全不同，他第一次和李伯接触时，就哄得李伯开开心心：“李伯伯，看你的样子，早上一定在锻炼吧？这样真好，如果我爸和你一样爱运动那就好了。”他这么一说，李伯就开始说教了，说年纪大的人一定要多运动，多注意身体，还问明朗的父亲多大年纪了。

明朗也就顺利地接过了话茬：“我父亲年纪比您大，我这都开始工作了，您儿子大学还没毕业吧！”李伯一听谈起自己的儿子，更加来了兴致：“嗯，等孩子毕业找到工作了，我也就算是完成任务了！可是你也知道现在工作难找哇！”

明朗一见有门，继续循循诱导：“嗯，现在工作的确不好找，您更要好好锻炼身体，把体格养得棒棒的，别让孩子在外奔波奋斗时一边还担心您的身体！”李伯说：“我也是这么想的，不上班的时候，就出来甩甩胳膊练练腿儿。”

明朗继续旁敲侧击：“嗯，您这么说又让我想起我父亲了，他和您一样慈祥，天下父母心都是一般模样啊！”说着还红着眼圈继续说：“我父亲早早就给他和我母亲买了保险，说是以后不想拖累我，让我放心大胆地在外面闯世界，我活好了，他们也就好了！”

李伯也随之动容，跟明朗认真探讨起保险的事情，明朗仍是不急着推销他的保险业务，而是着重关心李伯家的实际情况，积极帮他找最划算的“组合套餐”，几番沟通，李伯自然成了明朗的客户。

其实，李伯明知道保险对自己是有好处的，但杰瑞的说话方式，让李伯觉得不仅自己的儿子没出息，将来自己也会被他咒出病来，即使想买保险也肯定不会在杰瑞手里买。明朗的出现则不同了，他用更婉转的方式将保险的好处一一说明白，李伯若经济条件允许，就会愿意在明朗手里买。

李伯买保险之后还给明朗介绍一些客户，他们对明朗的印象都不错，继续给他介绍客户，久而久之他的客户成倍增长，由于客户渠道多是熟人介绍，相互之间都有些了解，因此比新开发客户更容易沟通。

可见，打动陌生人，拉近人与人之间的距离，说话的技巧极为关键。

有效控场三要素

1. 微笑以对，记住姓名

对于不是很熟悉的人，若是能够记住对方的姓名，让对方感受到你的真诚还有你对他的关注，让他感受到你想要和他交流，这样会很快地消除与对方的陌生感。当然，若配上百试不爽的微笑，效果绝对是更好的。

2. 据其习惯，适当赞美

“见人说人话，见鬼说鬼话”，就是要针对不同的人，仔细观察他的行为习惯，注意他的年龄层次，以其为切入口，用不夸张的赞美之词拉近距离。不要刻意地赞美外貌，这样反而会让人觉得轻浮，可以赞美对方的行为举止以及良好习惯，然后适当地说自己要向对方学习的目的，这样的赞美会让人感受到你的真心实意，可以更好地交流。

3. 注意倾听，以己度人

用自己的例子去烘托他人，更多的时候让对方觉得你是站在他的角度去考虑问题。而不是居高临下做一个站着说话不腰疼的人。说话时要顺着对方的话题往下讲，要注意倾听对方的话语，并且要给予对方答复。避免用“哦”“嗯”这样单一的词汇，可以用“真的吗？”“后来呢？”这样让对方能够讲下去的话语。

大道至简：好话在精不在多

《易经》中说："乾以易知，坤以简能，易则易知，简则易从……易简而天下之理得矣，天下之理得，而成位乎其中矣。"人们普遍持有一种观念，即认为学问的深度与复杂性成正比，仿佛越是高深的学问，其表现形式就一定越烦琐。然而，真正的智慧与最高深的道理，往往寓于平凡之中，它们不追求外在的华丽与复杂，而是直抵本质，以简洁明了的方式展现其深刻内涵。这便是"大道至简"的精髓所在。

与人交往，也要熟知"大道至简"的原理，话越少，才越珍贵。孔子说："君子欲讷于言而敏于行。"意思就是，做人应该说话谨慎，精简你的话语，多做实事。林语堂先生曾说："要说得巧，要说得少，言多必失，语多必败。"

保持缄默，在人际交往中不失为一种深邃的智慧。那些内心真正丰富而充实的人，往往以谦逊低调的姿态示人，他们深知"满招损，谦受益"的道理，故而选择少言寡语，不轻易炫耀自己的成就与知识。相反，那些内心较为浅薄的人，却常常急于展现自我，生怕被他人忽视或低估。他们不断地吹嘘与夸耀，试图通过言语来提升自己的形象，却往往适得其反。因为过度的自我标榜，不仅暴露了他们的无知与浅薄，还可能引发他人的反感与轻视，最终导致他们更加孤立无援。因此，学会在适当的时候保持沉默，以谦虚谨慎的态度面对他人，才是赢得尊重与认可的正确之道。

在中国悠悠几千年历史长河中，无数盖世英雄立下不朽功勋，汉武帝时期优秀军事将领霍去病、飞将军李广、大将军卫青都是抗击匈奴的名将。其中霍去病英年早逝却仍被历史铭记，这个“实干家”不仅因赫赫战功载入史册，还因他多做少说的个性令人敬佩。

据说霍去病平时十分沉默寡言，但他一说话一定言之有物。当年大胜匈奴凯旋时，汉武帝命人为他营造美屋华舍，他坚决不肯接受，说：“匈奴未灭，何以家为？”武帝大为感动。霍去病24岁去世，汉武帝悲伤不已，竟调动军队穿上黑色衣服组成“玄甲军”哀悼他，列队一直从长安排到了茂陵。

用人多疑的汉武帝，连自己儿子都不信任，却对一个将军如此青睐，可见霍去病在武帝心中的分量了。抛开他的卓著功绩，他那句“匈奴未灭，何以家为”足以打动皇帝了。

所谓沉默是金，有时候沉默要比喋喋不休更加有用。但是保持沉默说到底也只是一种前提铺垫，最终关键时刻的简练发言才会起到一鸣惊人的效果。语言是一种有效的沟通工具，它的核心目的是实现有效的沟通。如果只是为了说话而说话，忽略了语言本身的目的，往往只会适得其反。

历史上言多必失的反面例子很多，有人因话多甚至招来杀身之祸。《三国演义》里，曹操怒斩杨修，正是盲目乱说话的例证。当时曹操的爱将夏侯渊被黄忠所杀，曹操盛怒之下决定亲率20万大军雪耻，却不料战事失利，连连受挫。

某天大将夏侯惇请示曹操夜用口令，正好曹操在喝鸡汤啃鸡骨头，吃不到什么肉，丢掉又舍不得，可能突然联想到战局，随口答道：“鸡肋！鸡肋！”夏侯惇传令下去，行军主簿杨修随即吩咐军士收拾行装，准备安排归程。

杨修的惊人之举，让夏侯惇大吃一惊，杨修答：“从今夜的口令便可以看出魏王不日就要退兵。鸡肋，吃起来无肉，可是丢掉又可惜。我们眼下的战局也正是这样，进不能胜，退又恐人嘲笑，还不如早归为上。我料定魏王很快便会班师回朝，所以先行收拾行装，以免到时候临行慌乱。”

夏侯惇觉得有道理，也跟着收拾起行装。曹操得知后却勃然大怒，以“扰乱军心”的罪名，将杨修给处斩了。可怜杨修聪明一世却糊涂一时，由于多嘴多舌而一命呜呼。而关于说话时不要啰唆，要精练、合乎时宜的观点，古代典籍中也早有提及。《墨子》中就有一段关于语言艺术的有趣记载：“子禽问曰：‘多言有益乎？’墨子曰：‘虾蟆蛙蝇，日夜恒鸣，口干舌擗，然而不听。今观晨鸡，时夜而鸣，天下振动。多言何益？唯其言之时也。’”

翻译成白话文，就是“蛤蟆、青蛙白天黑夜叫个不停，叫得口干舌疲，然而没有人去听它的。但是看那雄鸡，在黎明按时啼叫，天下震动，人们都早早起身。多说话有什么好处呢？最重要的是说话要时机恰当”。

墨子这番话形象生动，令听者既能轻松一笑，又能深有感悟。其实何止我国古代的先贤圣人，国外关于“语在精，不在多”的事例也并不罕见。

在美国，有一位资产雄厚、非常成功的集团总裁，慕名找他希望得到投资合作机会的年轻人非常多。有一个小伙子第一次递了厚厚一本商业计划书，他没理会。之后小伙子锲而不舍地多次求见，秘书都不胜其烦了，总裁就跟秘书说："等他能将计划书精简到一张纸上的时候再让他来见我！"

小伙子此时才明白总裁不见自己的原因，并非对自己的项目不感兴趣，而是他根本没有看过那份厚厚的计划书。找到原因后，小伙子想尽办法精炼语言，将计划书浓缩到了一张纸上。

果然总裁同意面谈了，此时的小伙子已经将计划书内容烂熟于胸，并能以最简练的语言表达其精髓："我的计划书可以让您用一百万美元的成本，在三年之内实现五千万美元的利润。"总裁看起来兴趣颇浓："除了投资，我还要为此付出多少时间跟精力？"

小伙子答："其间您只需监督项目的支出与收入账目即可，无须花费您任何精力，其他事情我方会全权代理。当然您也可以派您最信任的监督代表常驻项目基地，我方愿意全力配合！"最后那位总裁终于同意投资，小伙子实现了长久以来的梦想。

由此可见，用精练的语言来表达需求在商业谈判中有多么重要。在生活中，精练的讲话方式，也能让沟通更有效率。那么，如何做到言简意赅、一语中的，在众人中脱颖而出呢？

有效控场三要素

1. 说对方认可的观点

对话是说者和听者的双方互动，说出的话只有被对方真心认可或者接纳才算有效。所以说话者一定要洞察听者一方的潜在心理需求，做到有的放矢、言之有物。如果听者变得视线游离，或者故意岔开话头，那么就应该知道，听者对自己所说的内容并不感兴趣，应该及时中止话题。

2. 信口开河最不可取

不要为了说话而说话，不要为了寻找话题而信口开河。即便必须说的话，也要在开口之前再沉默一分钟，将内容先在心里默念一遍，然后再问问如果自己是听者，听完后作何感想？如果不是必须说的内容，那就不要说。

3. 凝练浓缩冗言杂语

既然说话的目的是表达观点，将最重要的内容作为引导语，让对方知道自己想要表达的内容，引起对方兴趣，再来传递自我情绪方为上策。尤其在沟通前有很多准备时间的情况下，这与在街上随意跟人打招呼，或者见机推销不同，对于跟大人物沟通，凝练浓缩冗言杂语，绝对有效。

欲言先听，留给别人表达空间

真正的社交高手，总是能够耐心地倾听对方的表述。他们会全神贯注地接收对方的信息，深入理解对方的需求与感受，从而获得更有价值的信息。

对于那些渴望提升自己情商与沟通技巧的人来说，学会倾听更是至关重要的一步。倾听不仅仅是耳朵在工作，更是心灵的交流与共鸣。除了安静地听取对方的言语，我们还需要通过一些细微的反应，如点头赞同、微笑鼓励，来展现我们的专注与兴趣。这些细微的动作，能够给对方传递出积极的信号，让他们感受到我们的真诚与投入，从而更加愿意敞开心扉、深入交流。

适时保持沉默，让别人先说，在工作中是一个制胜的秘籍，既可以表现出自己谦虚有礼，给人以深刻的印象，自己还可以认真思考，给人以满意的答复。

江南一个水乡小镇上有一所希望小学，学生几乎都是留守儿童，老师也多是自愿支教而来。开学不久，三年级一班的班长随父母到城市就读，转校已经一周，班里急于选出一位像原班长那样敢于担当的新班长。

王老师便在班会上说："最近老师有点苦恼，班里有两位女同学发生矛盾吵架了，如果你们是老师，该怎么做呢？"

身为体育委员的小明，一向活泼好动，马上不假思索地说：

“当然是让她们别吵了，给她们买颗糖就解决喽。”同学们有的欢呼，有的迟疑，而老师面露难色，沉默不语。

小蓝一直都没急着发言，听小明说完后才不紧不慢地回答：“王老师，如果是我，我会先让她们停下来，问清楚吵架原因，再帮她们解决矛盾。”后来，小蓝成了三年级一班的班长。

老师看出小明对此结果感到困惑，但她没有立即找小明谈心，而是希望小明在三天之内主动找她来谈。因为教育心理学上讲，一件事情发生后的三天之内，是孩子注意力最为集中的时期，也是其思考最为活跃的时期，在此期间进行正面教导最为有效。

后来小明才羞涩地开口问：“为什么小蓝可以当选？我和她的成绩一样好，而且我体育比她好，还能为班级在运动会上争光！”老师微笑着说：“你是体育尖子生，这是班级的荣耀。你和小蓝成绩一样好，也是你的荣耀。但你虽然性格活泼却略显急躁，发言不假思索，会给人产生不尊重师长的印象，不管你当不当班长，这都是你需要改掉的小毛病哦！”

小明这才明白原来是自己的毛病，但他仍对自己提出的建议能得到老师好评寄予希望，于是又小心翼翼地问：“我说的办法好不好？”老师说：“你的这个问题让老师很欣慰，聪明的孩子能举一反三，说明你在思考，也会思考，将来一定错不了。”小明被夸奖了，有些不好意思地红着脸，心里也就没有什么隔阂了，干脆直截了当地问：“老师是不是认为小蓝的办法比我的办法更好？”

老师为了正确引导小明，语调柔婉并语重心长地说：“是的，小蓝的办法比你的办法更加有效。或许她一开始跟你想的办法差不多，但是你说完以后我没有立即赞同，她应该知道你的办法至少不是我想要的，进而提出更加妥帖的办法来。再有一点，同学一吵架就给糖吃，不仅不会阻止吵架，还会让同学养成不好的惯性思维，为了吃到糖而故意吵架，这是一种坏价值观，不可取。”

小明彻底理解了老师的话，此后更加努力学习，改正缺点，还尽好了体育委员的职责。

在这个案例中，小明讲话的失误，老师已经点出来了，不再重复。单就小蓝讲话内容与方式的可取之处详解一下：第一，她是在小明给出一个“没脑子”的建议后，才回答了老师的提问，表现出对师长应有的礼貌和尊重。第二，她提出的建议是经过认真思考的，是得体可行的。

再来总结一下王老师讲话方式的可取之处：首先，王老师用智慧为班级选择了一个好班长。第二，王老师没有急于纠正小明的问题，而是给他思考时间，让他主动开口，再以正确思维引导小明，列举小蓝的思维过程，试图让小明懂得讲话之前，最好先听听别人怎么说，多思考一下自己提出的建议是否得当，这是一种启发式教育方法，值得推广。

另外，王老师深知小明等留守儿童的家庭背景，在讲话时特别注意这一点，等孩子先开口说出意图，再根据孩子的思维，去引导孩子，这样既不伤害孩子的自尊心，又能体现以师代母的责任心，语重心长地从不同角度教导小明正确的行为方式，比如用给糖的方式非但不能阻止同学吵架还会增长他们吵架的欲望。这些都是正向引导，一举多得，对孩子的成长益处多多。

但丁说过：“语言作为工具，对于我们之重要，正如骏马对骑士的重要，最好的骏马适合于最好的骑士，最好的语言适合于最好的思想。”那么，如何掌握让别人先说这一语言技巧呢？

有效控场三要素

1. 分场合，擅等待

在适当的场合让别人先说，擅长等待好时机，再将深思熟虑的话说出来，就能达到出奇制胜的效果，给人留下深刻印象，同时也可以充分显示出礼貌和尊重。

2. 看背景，抓主要

在讲话之前，先了解谈话对象的成长背景和家庭背景，有助于提出合适的问题，并抓住对方的内心，阐述主要的内容。

3. 找准点，好引导

根据对方的思想意图，找到最为妥当的切入点，需要表达自己观点的时候，要用引导的方式，让对方先表达观点，自己不要急于表达，也就是要在适当的时候开口说话。

与和事佬过招：掌控节奏才能赢到最后

若想与别人聊得来，就要学会识别聊天对象，知道与什么样的人说什么样的话很重要。而能学会跟“和事佬”打交道，也是一种能力。

“和事佬”是指调停争端的人。多数人可能以为跟“和事佬”打交道一定很容易，其实不然。“和事佬”有“和事佬”的性格特征，他们不是无原则，他们也有自己判断人的标准，也有自己喜恶的人际圈子。

“和事佬”在人际交往的一个个小圈子里面，扮演着非常重要的角色。如果掌握了和他们打交道的技巧，不仅能提升自己的人际交往能力，还能更好地融入所处的环境里面，对于未来人生的发展，也会起到很大的作用。

公司里两个女同事因为一点鸡毛蒜皮的小事吵了起来，这两个人平时都不是好惹的人，其他人对她们印象都不怎么样，于是，他们这个时候都抱着一种看好戏的心态，没有站出来调解。

小军是项目组长，他乐观开朗，平时还喜欢充当“和事佬”的角色，大家都挺喜欢他。

小军走上前说：“大家都是同事，每天都朝夕相处地工作，没必要为了一点小事伤了彼此的感情，就算有什么不满的地方，可以坐下来，心平气和地互相说出来。想要解决问题，吵架是最没有用的。而且大家都是一个项目组的，平时更应该齐心协力，把业绩做上去，私底下多沟通交流，矛盾自然就会少了。”

这个时候，客服部小云见机行事，也站在小军旁边和气地说：“咱们组长说得对，大家都是一个大家庭里的亲人，偶尔小吵小闹是难以避免的，就连我们自己的牙齿有时候都会伤到舌头。依我看，你们要是觉得心里都憋着一股气，可以让咱组长做个中间人，给你们分析一下，看看究竟是哪里出了问题，否则因为中间产生的小误会而怀恨在心就不好了。”

两个女同事刚刚都在气头上，就没怎么顾及形象，现在冷静下来，觉得当着众人的面，张牙舞爪得像个泼妇，确实有些不雅，于是都笑着说没事了，会私底下好好解决一下。小军因为小云的这番话，对她印象瞬间好了不少，甚至有种亲近的感觉，毕竟在关键时刻，能够站出来替自己说话，很让人安心。

通过这个案例，可以看出小军就是一个“和事佬”的代表，而小云善于倾听，并没有在二人刚吵起来的时候，就急匆匆地搅和进去，而是在小军站出来说了那番话之后，抓住时机，迅速做出准确分析，在肯定小军说的话的同时，又态度诚恳地补充了一些，站在关怀角度娓娓道来，情真意切，不仅不会让人觉得是在故意拍马屁，反倒让人生出一丝感激在里面。这便是说话的技巧，也是取得良好人际关系的重要一点。

某售楼部因上月业绩惨淡，总经理大动肝火，在会上将所有人都骂得狗血淋头，最后丢下一句：“要是下个月业绩还提不上去，那么不好意思，咱们公司员工就要大换血了，你们干不好这份工作，并不代表别人做不来。”

总经理离开后，只剩下善于做“和事佬”的副总经理和胆战心惊的员工，之所以这样形容副总经理，是因为他平时很少发脾气，员工内部每次出现矛盾时都能挺身而出完美化解。此时他走到会议台上安抚道："大家不要被总经理的话吓倒，只要能够静下心来，努力认真地去工作，并且一心一意把它做好，那么目标就很容易达成。大家平时的努力我都看在眼里，也能理解大家的心情，不要担心，这个月我们一起努力，肯定能收获意想不到的结果。"

因为大家的情绪还沉浸在刚才总经理一番话的阴影里，都低着脑袋，无精打采，根本没有好好听的模样。然而这些人之中，小唐是例外的，她身子坐得端正，一直看着副总经理，两个人眼神偶尔会有交流，她不时还拿笔记录一下。

在副总经理讲完话之后，她举了举手，站起身子不卑不亢道："谢谢副总经理对我们大家的鼓励，最近房产市场不景气，这也是业绩不好的一个原因，但是最重要的，应该是我们努力的方法出现了偏差。所以接下来的时间，我们一定要团结协作，研究出合适的路子，让总经理对我们刮目相看。"

副总经理脸上带了笑，点点头让她坐下，在散会之后，还特意找她聊了会儿天，关系有了突飞猛进的进展。

小唐做法的可取之处在于：坐得端正，目不斜视，没有小动作，更没有走神，全神贯注听。若在经理讲话时心不在焉，忙于做其他事情，会显得很不礼貌，甚至让人反感。其次她能很快消化副总经理说的话，并且抓住要领，理清思路，在别人都默不作声时，勇敢地站出来说出见解，自然会让副总经理对她的关注度大大提高。

其实，在别人说话时，控制自己的讲话欲望，也是一种必须学习的技巧。千万不能盲目打断别人，要让别人把话说完，小唐在这点上就做得很好，等到副总经理把话说完了，她才举手示意，站起来发言，如此有礼貌，自然会让说话的人心情愉悦。

有效控场三要素

1. 端坐倾听

在“和事佬”说话的时候，认真听，并且动用大脑，提炼出说话者最想要表达的意思，然后才能以此为根据，说出自己的观点。

2. 彬彬有礼

礼貌无论在哪种场合，都显得特别重要，不能别人话还没有说完，就贸然生硬地打断别人，如果声音还特别尖锐的话，会更让人厌烦。“和事佬”也需要被礼貌对待。

3. 态度诚恳

在认可“和事佬”说话的同时，提出自己的一些想法，再作一些补充，态度真诚的话，给别人的第一印象会比较好，如果再加上自身有理有据的分析和延展，更会让“和事佬”刮目相看，彼此的关系自然就拉近了。

沟通润滑剂：适度谦和圆满解决问题

常言道，“满招损，谦受益”，这句话深刻地揭示了谦逊品质在人际交往中的巨大价值。谦逊的人，他们不自满于已有的成就，而是以开放的心态去接纳他人。这种态度使他们能够轻松地跨越人际的隔阂，建立起和谐融洽的关系网。因此，他们往往能够赢得广泛的支持与认可，在人生的道路上获得更多的助力。

同时，谦逊也是沟通中的润滑剂，它能够降低对方的防备心理，使对话更加顺畅自然。当我们以谦逊的态度去倾听、去理解对方时，对方也会感受到我们的真诚与尊重，从而更加愿意与我们分享自己的想法与感受。

公司会议刚刚结束，汤姆走向自己的办公室，当他想到老板在会上表扬自己的情景，脸上不由得泛起笑容，脚步也轻快了许多，这时他的竞争对手小威廉从后面跟了上来，一脸讥讽地说：“被关注一次就开心成这样啊，原来我经常受到老板表扬，早就习惯了。你的资历太浅，要晋升还早！”

汤姆听到这些话后心里很不好受，脸色也变得难看了许多。这时梅德尔森也走过来，打抱不平地说：“小威廉，这样说话可不是绅士所为，汤姆是有建树的，他是通过实力赢得今日肯定的，更何况努力被别人认可就是件让人开心的事情，祝贺你了啊，汤姆！有空喝杯咖啡！”汤姆自然点头说好，心情也变得愉悦了不少。

很显然，在汤姆、小威廉和梅德尔森的交流中，可以看出小威廉的话让汤姆觉得非常不舒服，自己的能力被否定，被表扬时单纯的快乐也被嘲讽；而梅德尔森则成功地缓和了气氛，肯定了汤姆的能力，同时也巩固了他和汤姆的同事情谊。

语言谦和，可以让人拥有良好的人际关系。若是小威廉在一开始也能态度诚恳，语言谦和地与汤姆交流，那他们在以后的工作中或许会相互扶持，可他却说了上述那番话，可以预见到将来两个人定然不会和平相处。

每个人都有自己的独特之处，在别人得意之时切勿嫉妒讥讽，一句真心的祝贺，一段谦和的话语，便能让一个人快乐，何乐而不为呢？况且这不仅仅对别人有好处，也可以让自己在别人心里留下好印象。一个好印象的重要性是毋庸置疑的。人生这么长，免不了有需要别人帮忙的时候，一个好印象可能让别人欣然给予帮助。两全其美的事情有什么理由不去做呢？

生活中总会有需要别人帮助的时候，有的人很容易得到别人的帮助，有的人却处处碰壁，这是什么原因？除了上面说到的印象好坏，问题还出在说话方式上。

在请求别人帮助时，有的人会说："我最近遇到点儿麻烦，我的能力有限，确实应付不过来，能不能麻烦你帮我一下呢？"而有的人会说："我最近有点麻烦，你帮我一下。"

前者语言谦和，暗含自己能力不如对方的意思，在无形中夸赞了对方。松下电器创始人松下幸之助便说过："谦和的态度常会使别人难以拒绝你的要求，这也是一个无往不胜的要诀。"的确，在别人可以帮得上忙的时候，他通常不会拒绝一个让人心情愉悦的请求。而后者语气生硬，仿佛有命令的意味，即使举手之劳，谁又会愿意做呢？

在与爱人相处中，语言的谦和也是必不可少的。有人可能会问："关系都这么亲密了，还不能想怎么说就怎么说吗？"是的，关系确实很亲密，可说话时一直高高在上，就会让伴侣感觉不舒服。语言谦和会让两人更加信赖对方，感情也可以更持久，在人生路上更能相互扶持，共同面对风雨。

争吵也是生活中常见的情景，如果人人都坚持自己的观点，丝毫不肯让步，关系就会越来越僵化。培根曾说："对一个持反对意见者，讲话有必要谦和而委婉。否则正像把盐撒入伤口，会使他已有的成见更深。"

可见，争吵解决不了问题，不妨放慢语速，放低声音，把尖锐词语换成温和言语，把严厉表情换成和颜悦色，平心静气地讨论并交换意见。如此态度，才能让理亏一方更易接纳观点，而不会觉得自己被打败从而产生情绪，从而使问题得到圆满解决，这便是语言谦和所产生的巨大能量。

当然，有时可能自己觉得语言已经够谦和的了，但对方依然心存芥蒂，处处看不顺眼，各种挖苦嘲讽，这时会让人产生一种错觉，认为人际交往中谦和语言似乎没有多大用处，该碰壁的还是碰壁，该争吵的还是争吵！这是为什么呢？

这里有被人故意找碴儿、挑毛病的客观因素存在，还有其他可能，比如谦和太过头了，以至于低声下气；语言谦和，但并没有让对方感觉到态度真诚；平常比较大大咧咧、不拘小节，说话很直，突然变得谦和，别人心存疑惑，进而不敢相信谦和的真实度……

因此，想要达到语言谦和的最佳效果，平日里务必多加留心。

有效控场三要素

1. 谦和不等于低声下气

语言谦和不是低声下气；承认能力不足，不代表比别人差。谦虚有度，平和有道，既要让别人尊重自己，同时也要让别人有被夸赞的愉悦。这种微妙的尺度就像春风的和煦、轻缓，让人舒畅，同时，也没有降低春风的地位。

2. 谦和要以柔婉为基础

语言谦和的同时表情也应该柔和，语调更要柔婉。如果总是摆着一张严肃脸，语言再谦和，也只会让别人认为自己只是客气一下，并不真诚，会给别人留下坏印象。

3. 想要谦和先树立“品牌形象”

坚持是做很多事情都必须拥有的品格，语言的谦和也是如此，偶尔的语言谦和会让别人无所适从。在生活、工作中，固定住自己一贯的行事风格，相当于让自己树立起一个良好的“品牌形象”，久而久之自然被认同，被欣赏，就不会被怀疑居心不良了。

3

巧言有术

——破解他人逆反心理的社交手段

先让后取：认同对方就是给自己的发言铺垫

美国得克萨斯大学的知名学者乔纳森·考拉曾做过一项实验，揭示了人际交往中一个普遍存在的心理现象——“一致性效应”。这一效应表明，当个体的观点与他人的意见相吻合时，人们往往会倾向于认同并接纳对方的看法，视其为正确无误。反之，当面对与自己相左的观点时，人们则更可能固守己见，难以轻易被说服。

基于这一发现，高明的沟通者学会了巧妙地运用“一致性效应”来优化交流过程。他们在表达不同意见或进行反驳时，并不急于全盘否定对方，而是首先展现出对对方观点中合理成分的认可与尊重。这一策略不仅能够有效缓解潜在的冲突氛围，还能显著提升对方对自己的信任感，为后续的观点交流奠定良好的基础。随后，他们再以平和而坚定的方式阐述自己的见解，这样一来，对方往往能更加开放地听取并考虑其观点，从而实现更有效的沟通。

相反，若是在对方尚未充分表达完毕时就贸然打断，直接指出其错误，往往只会激起对方的抵触情绪，导致双方陷入无谓的争执之中。因此，掌握“一致性效应”的运用技巧，对于提升沟通技巧、增进人际关系具有不可小觑的作用。

商场里一位顾客正在挑选衣服，问店员有什么可以推荐的，店员立刻推荐一件长款风衣。可顾客看了看，疑惑地说：“这件衣服这么长，穿起来多难看啊！”

店员听了，并没有立刻否定顾客，而是一脸微笑着对顾客说：“女士，这件风衣确实很长，一般人穿着肯定撑不起来，可是您身材这么高挑，穿上这件衣服可以让您的身材显得更加修长。”顾客听完，试穿后兴高采烈地付款了。

过了一会儿，又来了一位老年顾客，店员积极地给她推荐一款颜色艳丽的外套，顾客看完连忙摆手：“这不适合我，太花哨了，我这个年纪怎么能穿这么鲜艳呢！”

店员连忙迎合：“是啊，是啊，这件衣服颜色的确很艳丽，不过我看您精神这么好，看起来那么年轻，您穿上去肯定会显得更加年轻有活力呢！”听了店员的话，老年顾客高兴地去试衣间，最后买了下来。很显然，案例中的店员是个销售高手，她最成功的销售技巧就在于她说话的方式。她先不慌不忙地认同顾客观点，再表达自己的观点，从而引导顾客找到商品亮点。

若她一开始就对第一位顾客说：“这件衣服一点也不长，还有比这更长的衣服。”对第二位顾客说：“这衣服颜色一点也不艳丽，现在大家都喜欢穿这个颜色。”那么这两位顾客一定不会完全认同她。因为顾客对看到的衣服都会有自己的判断，店员一旦先否定顾客，就会引起顾客反感。紧接着她们会认为店员纯粹是为了卖衣服而敷衍她们，那么即使这件衣服质量再好，穿在身上再合适，她们也不会继续听店员推荐了。这样店员就没有机会继续介绍，从而销售失败。

人们往往有逆反心理，听到对方否定自己时，情绪会发生一系列变化，反感、生气甚至愤怒，也就不足为奇了。所以，说话时先不要否定对方观点，要认同对方，减少不必要的冲撞和心理排斥，等对方愿意听的时候再表述观点，此时才是引导对方思考，获得对方认同的最佳时机。

欣欣最近工作不顺心找朋友倾诉，大哭说：“我要辞职，这份工作我真是受够了，同事都那么不好相处，每天都不给我好脸色看。”

好友温声细语地说：“我知道你受委屈了，真是为难你了，工作确实会有很多不如意的地方。先不要急着辞职，你觉得同事不好相处，那么你有没有主动地和颜悦色地与她们沟通呢？”欣欣羞愧地低下头，坦诚自己可能的确存在问题，再也不提要辞职的事情了。

欣欣好友之所以能够抓住关键点让欣欣认识到自己有问题，这里的重要技巧就是先不急着否定她，而是站在她的立场上理解她的处境，稳定她的情绪，然后进一步引导她分析问题。这样就会让对方得到安慰的同时，从情绪里走出来，更加理智地思考问题。

在家庭生活中经常会有这样的问题，比如，丈夫工作经常晚归，会引起妻子的误会，妻子会质问：“为什么每天都回家这么晚，是不是不关心家庭，不在意家庭了？”倘若丈夫抵死不认说：“我哪里不关心家庭，我这么拼命工作不都是为了家庭吗？”这样的回答不仅不会打消妻子的疑虑，还容易引起双方进一步的冲突。如果丈夫回答说：“对不起，亲爱的，我这段时间确实回来得很晚，忽略了家庭。不过最近公司很忙，所有人都在加班。哎，工作一天真是累死了。”这样就既会安抚妻子，还能够获得妻子的体谅，何乐而不为呢？

在工作中也会有类似的情况，比如，在团队中和队友意见不一致时，不要急着否定对方，先告诉对方认同他们观点合理的地方，然后积极地说出你所提出的意见。这样不仅体现了你对他人的尊重，还能够增加对方对你的好感，让你的表达更加容易被人接受。

在学术讨论中亦会出现因观点不同而争论的情况。比如，针对一个学术问题双方争论不休，主要原因在于讨论的双方谁都不愿意放下身段去认真倾听另一方的观点。尖锐的语言会让彼此都更加坚定地去维护自己的观点，导致双方越来越情绪化。争论愈演愈烈，许多学术问题，逐渐扩大成派别之争，到最后甚至是人身攻击。

这就是因缺乏有效沟通而导致原本可以互帮互助、共同提升的好事，变成了双方争夺、相互制约的坏事。如果有一方能以正确的心态、柔和的语气先认可对方，再表达自己的观点，便可以减少误会，促进双方的理解与合作。

其实这个技巧很多人都知道，也努力尝试去做过，可是在生活中总是达不到预期的效果，反而让情况变得更糟糕了。很多人都感到困惑，自己明明是认同对方以后，才表达观点的，为何还是没有效果？这就是说话方式不对，要么不够真诚，引起他人误会；要么话锋转得太快，让人产生怀疑情绪；要么是转折词用得太过生硬，让人难以接受……

有效控场三要素

1. 诚恳，切忌敷衍

诚恳的态度会让人更有亲和力，会让表达更显真实可信；相反，敷衍式的认可，只会引起人们的反感，认为自己的立场不被认可，而且自己的观点不被接受。

2. 缓慢，转换话题

缓慢地转换话题，再提出自己的观点。得到认可后，话锋也不要转得太快，给对方一些时间缓冲，从而可以调节好情绪。

3. 适当，巧词转折

要适当地巧用一些转折词。转折词对谈话的语气有很大的影响。在沟通中避免使用“但是”“可是”等语气强硬的词汇，可以多使用“然而”“只不过”等柔和中性一些的转折词。

巧借他人言，传己心腹事

沟通之妙，在于巧借他人之语，婉转传己心声。借他山之石攻玉，既能避免直接冲突，又能表达意图。如此沟通，如春风化雨一般，润物无声，让心与心的距离悄然拉近，在不经意间达成共识。

沈杨在上海工作，作为运营负责人，业绩一直很出色，也经常受到经理夸赞，但仅是口头表扬，不见经理给予实际表彰，比如加薪、升职。算下来沈杨在这家公司工作也有三个年头了，为公司获取了不少利润，眼见身边朋友薪水越拿越高，自己却还是老样子，一毛钱不见长，对此他心里很不是滋味。

一次开会结束后，沈杨趁下班时间去了经理办公室，打开话匣子，就像和朋友聊天那样对经理说："最近身边的朋友一个个都买房的买房，买车的买车了，我爸妈也急得不得了，天天在我耳边念叨说我都工作这么久了，应该也存了不少钱，怎么还不买房。其实我也想赶快买套房让爸妈享受享受啊，可我这么点工资哪儿够啊！"

沈杨说完就端起手边的杯子喝了一口水，趁机瞄了一眼对面的经理。经理是一个稍显发福的中年男人，此刻，他坐姿略显谨慎，但看不出极端防备的心态；面容略微严肃，却感觉不到抵触抗拒的情绪。

沈杨认为经理的微姿态和微表情信号是乐观的，他觉得自己的办法似乎可行，就继续尝试大吐苦水：“我女朋友上个月又跟我提结婚的事情，可咱没房啊，人家女孩子同意，岳母也不同意啊！她总说，你能说会道的，不如调换个岗位，到销售部门，有底薪也有提成，能多赚点。可是咱公司重运营，销售那边是外包的，我也没办法调岗啊，我怕是要辜负她了……”

话音刚落的那么几秒钟时间里，经理是略显尴尬的，然后舒展笑容，语气温和地安慰沈杨：“结婚是大事，人家女孩子主动提出来说明你们感情深，不能辜负！”

事实上，经理明白沈杨是想借用父母之口，向自己说出希望尽快在上海买房的想法，表达出薪水不够的潜台词，实则是暗示希望加薪。

沈杨讲的是实情，他的薪水一直偏低，而上海房价高，他若长时间买不起房子，很可能回老家就业成婚。另外，沈杨没有以咄咄逼人的口吻要求经理加薪，而是借着父母之口，这让经理心里受用多了。

沈杨的经理认同了沈杨的观点。因为做运营工作的沈杨，不仅业绩有目共睹，创新能力极强，还很善于把握市场脉搏，经理为了留住人才，加薪势在必行。

最终，月底打在沈杨工资卡上的底薪比之前多了一倍！经理告诉他，只要他能一直保持现在的业务水平，月月都可以拿到这样的薪水！

试想一下，在这个案例中，沈杨如果长篇大论地跟经理抱怨不加薪之事，只会给经理留下为人太过势利的坏印象。这样即使他本应该得到加薪机会，也会变得没有那么理所当然了，同时上下级关系会越来越紧张。

沈杨用一种更加委婉的表达方式，向经理诉说父母对自己的期望与女友给自己施加的压力，婉转向经理表达出薪水不够买房的信号，以得到经理的积极回应。这样一来，加薪期望便如愿实现，上下级关系也依旧和谐，同时更加相互理解和信任。

生活中有太多“直肠子”的人，说话不会拐弯，这本没有什么错，但这样性格的人，一不小心就容易得罪他人，自己也讨不到好果子吃。何不多思考一下，把自己想表达的意思换一种方式说出来，别人既能理解，又能很好地维护彼此的关系，何乐而不为呢？

路易莎是一个很爱惜书本的金发姑娘，佩蒂是一个很爱读书的蓝眼小美女，两个人因为在一家医院里疗养，又同是爱书人，便相互认识了。佩蒂归还的书总是让路易莎心疼，干净整洁的书经过佩蒂之手，就变得皱皱巴巴、黑不溜秋的。路易莎因为跟佩蒂没有熟到无话不谈，碍于情面，一直忍耐着。

时间久了，路易莎想到一个好点子，在佩蒂某次还书之时，她随手拿出一本书说：“佩蒂，你看这本书写得可真有意思，这个人说他几乎每天都要看一本书，但即使他再怎么翻阅，书本还是干净整洁的，像刚刚买来一样！”

路易莎说完就收起手中的书，故作神秘地看着佩蒂，笑嘻嘻地说：“你知道他是怎么做的吗？”佩蒂是一个大咧咧的“直肠子”女孩，被路易莎勾起了求知欲望，饶有兴趣地问：“他是怎么做的，快告诉我吧！”

路易莎接着说：“他每次翻阅时都会好好抚平每一个页角，还说这样用心地对待书本，书本似乎也知道感恩一样，他看到书就像见到朋友，好神奇！”佩蒂拍手称赞的同时，回头看到自己还回来的书，严重卷角，封面脏兮兮，她突然意识到自己并没有把书当成好朋友，胖乎乎的脸蛋上多出了两团红晕。

佩蒂恍然大悟地拍了拍自己的脑门，不好意思地说：“嗯，对待书本像对待朋友！”经过这一次交谈之后，路易莎再从佩蒂手里拿到还回的书本，就都是干干净净、整整齐齐的了。

有些话不一定要直截了当地说出来，否则容易让人尴尬难堪，可以转个弯，巧妙运用别人口中之言来表达自己的想法。这就是巧借他人言，传己心腹事。

有效控场三要素

1. 不偏激，保持好态度

说话态度和缓，不能太过偏激，只有保持良好的说话态度，双方才能好好交流，这是沟通的前提条件。

2. 留余地，切忌咄咄逼人

说话要留余地，切不可咄咄逼人，把话说死说绝，要给双方留“退路”，才容易既达到目的，又能维护彼此关系。

3. 不跑题，选对假借人

所选“他人言”要能充分精准表达想法，所找的假借之人必须恰当，只有这样，别人才不会听得一头雾水，才能准确收到信号，明了你要表达的意思。

话到七分为止，留白更显智慧

在社交和商业应酬中，“话留三分”是一种重要的沟通策略。这种策略并非让你隐瞒真相或扭曲事实，而是强调在表达观点、分享信息时，保持一定的节制和分寸。这种节制和分寸可以让你有效避免不必要的冲突，从而赢得更多的尊重和信任。

成语“物极必反”所传递出的意思是一件事情如果做得太绝对，往往会得到相反的结果，正所谓“行不可至极处，至极则无路可续行；言不可称绝对，称绝对则无理可续言”。善于在社交中控场的人，说话从来不会太绝对，因为他们知道，如果把话说绝了，就意味着不给自己和别人留有余地，到头来只会断了自己的后路。

吃牛排时，一分熟太生，全熟则太老，而七成熟表面焦黄，中心已熟个七八分，口感很不错，受到大多数食客的欢迎。说话也一样，最好七分熟，仔细观察聊天对象的反应，把握好说话时机，适当开口，这样才会和别人更聊得来，人际关系也将豁然开朗。

说话要注意分寸，言谈举止要恰到好处，注意把控好七分熟这个度，步步深入才能办好事情，达到想要的效果。

有三个考生进京赶考，在路上他们遇见了一个算命先生，于是就让他算一卦，看看他们三个人之中，谁能够高中。算命先生仔细询问了他们的个人情况，又观察了三人的面相和手相，然后缓缓地伸出了一个手指头。

考生们有些疑惑，于是追问："敢问这一个手指头是什么意思？"算命先生故作高深地说："此乃天机，不可泄露，等到放榜之日，你们自然就知道了。"三人走后，算命先生的徒弟问："师傅，他们三人之中，究竟谁能够考中呢？"

算命先生笑道："如果他们只中了一个，那么我伸出来的就是一个指头；如果中了两个，那我这个指头的意思就是有一个没中；如果三个人都考中了，那么意思就是一起考中；如果都没有中，那就是一个也不中。"

有人会说这个算命先生真狡猾，并没有给三个考生真正的预测答案。但是，他的说话方式，不能不算深谙说话艺术了，话不多说，把话说得半满，三个考生最终的所有结果，算命先生都包含进去了，所以到最后，他都将是正确的。

说话七分熟，往往能够在某些事情上，给自己留有余地，保全切身的利益，这就是说话的艺术和智慧。

一个做生意的年轻人，有一次准备从开封到苏州，结果还没有到达苏州就迷路了，他在一个十字路口犹豫不决。正在此时，他看见旁边田野里有一个放牛的老人，于是赶紧跑上前去，大喊大叫道，"喂，那边的那个老头子！我要到苏州，路怎么走？路程是多少？"

老人听到他聒噪的嗓门，顿时对这个很没礼貌的年轻人产生厌恶心理，淡淡道："你左手边那条路是对的，大概还需要七八千丈的路程才能到苏州。"年轻人觉得老人的回答很怪异，大声问道："老头，你们这里的人也太奇怪了吧！路程为什么用'丈'，不用‘里’啊？”

老人哼了哼，故意讥讽他：“我们这里的人以前一直都是讲礼（里）的，但是后来这儿来了一个不讲礼的人，从此之后，我们都不再讲礼（里）了。”

这个故事表面上是告诫人们懂礼貌的重要性，但还可以解读出更深层次的含义：同他人交流要注意分寸，认清楚自身所处情境，说出来的话才能够得到他人认可。

罗西尼是19世纪意大利著名歌剧作曲家，他以严肃认真的态度创作作品，尤其看重乐曲作品的独创性，对于抄袭、模仿等行为，极度厌恶并会对其严肃抨击。

有一次，一个作曲家完成新作品，邀请罗西尼替他把把关。罗西尼开始听得很入神，但越到后面越不安，最后神情有些不自然。过了一会儿，罗西尼不知为何，不断地重复着脱帽子、戴帽子的动作，那位作曲家自然也注意到了。

演奏结束之后，他问罗西尼：“剧场很热吗？你为什么一直重复着脱帽戴帽那两个动作？”罗西尼想了想，说：“不是热的原因，而是我这个人有个习惯，就是一旦遇见熟人，就会脱帽子，在你刚刚弹奏的曲子里，我遇见了非常多的老朋友，不得不一直脱帽子。”

罗西尼本人虽然很厌恶抄袭，但直接斥责对方是没有礼貌的行为，也会让对方感到难堪，那并不是他想要的沟通效果。为了指出那个作曲家的抄袭劣迹，他很好地发挥了说话七分熟这一技巧。

罗西尼没有直接指出，而是非常委婉地道出了事实真相，不明说却足以让对方因抄袭被拆穿而羞愧脸红，估计下次也没脸再继续抄袭了。这便是罗西尼既保持自己的绅士风度，又阻止对方抄袭劣行的好办法。

那么，在日常生活中，与他人交流该如何把握住说话七分熟这个尺度呢？

有效控场三要素

1. 不要直白表达

说话不要太直白和直接。过于直接显得特别生硬，让人没办法适应，容易让人产生逆反心理，更不要说接受了。当然讲真话很重要，只是要有的放矢，学会委婉含蓄和见机行事。

2. 明了所处情境

说话看场合。什么样的场合，适合说什么样的话，一定要认清自己所处的情境，否则在特定的场合说错了话，不仅会让谈话气氛变得紧张，还会破坏人际交往圈，被他人孤立。

3. 留些余情余面

话不能说得过满，要给自己留有空余的境地。人际交往本就微妙，说话学会隐晦表达法，该模糊的地方，不要说得过于清楚明了。不给别人留些许余地，等于不给自己留丝毫退路。

掷地有声无须刚，咄咄逼人终害己

当我们目睹他人犯错时，以温和而委婉的方式提出指正，方显智慧与修养。若我们不顾及他人的情感，一味地采取攻击或批判的姿态，即便我们的观点再合理，也难免会招致对方的反感与厌恶。因此，在沟通中要学会宽容与理解，以更加平和与建设性的方式处理错误与分歧。

一位高僧受邀出席一场法会，主人为表敬意，精心筹备了一场全素宴席。然而，席间却发生了一个小插曲：高僧的弟子发现一盘佳肴中不慎混入了猪肉，他心生不悦，欲揭露此事，让主人知晓并追究责任。

弟子几次试图将肉块挑出，都被高僧用筷子轻掩。在弟子又一次想挑出肉块时，高僧在他耳边轻声告诫，如果他继续这样，自己会把肉吃掉。弟子一听，只好作罢。

回去的途中，弟子十分不解，询问高僧为什么不揭发厨师的疏忽？高僧解释道："世人皆非圣贤，孰能无过？无论是故意为之还是无心之失，一旦让主人察觉菜里有肉，厨师就会受到惩罚，甚至不能继续维持生计。得饶人处且饶人，凡事都不能咄咄逼人。"

曾国藩曾说："今日我以盛气凌人，预想他日人亦盛气凌我。"今日你强势，他日必然会出现比你更强势的人；今天你咄咄逼人，他日也必有人咄咄逼你。

辛鑫是一个性格强势的女孩子。比如，她跟室友讨论问题：“你们说得不对，我的观点才是最正确的。”大家引经据典，驳斥得她哑口无言后，没过几天，她又会找到一堆理由继续争辩：“你们别以为合起伙来就能欺负我，事实胜于雄辩，一群手下败将，我永远都不会输！”

本来她孜孜不倦地讨论问题，是她可取的一面，但说大家抱团欺负她就不可取了，还说自己永远不会输，就有争强好胜的嫌疑了。辛鑫就是这种个性，不论问题是否有正确答案，她一定要证明自己是对的，别人都是错的，甚至不惜歪曲事实，睁眼说瞎话。她还以大家抱团欺负她为由，试图洗白自己。

再比如，在寝室，遇到别人值日时她就说：“你怎么不打扫卫生，真脏，在家里都这么懒吗？”但是轮到她自己值日时她会说：“我今天值日，你是不是昨天故意不扫地，让我今天干活？”室友说：“地也不脏，扫什么，灰还大。”这也堵不住她的嘴：“我告诉你们，今天谁也别把地弄脏了，否则就是故意找老娘的碴儿，老娘才不扫！”

但凡遇到任何问题，辛鑫都想把罪过赖在别人头上，而自己好像从来就没有错似的。

辛鑫这种人，在很多人看来就像一个被迫害妄想症患者，总把自己看成或装扮成受害者，张口闭口都是别人故意合起伙来“欺负”她。久而久之，宿舍中没有人再搭理辛鑫，她出现的地方总是笼罩一层乌云，所有人都避而远之。

其实生活中，这种个性强势的人并不少见，在这里列举出来，也是警醒人们不要养成这种强势个性，不仅害人，更害己。

对于女生来说，强势些可以让自己不被欺负，不显软弱，走向社会，也会更有自信，散发熠熠光辉。可是，我们一定要明白气势和强势并非同义词，有气势的女孩子，可能多少会强势些，但过于强势，会起到反作用。

一个日化品公司要开发新产品，准备选定一个新项目负责人。员工都摩拳擦掌，跃跃欲试，谁都不服谁，鲁副总经理无奈之下，决定开个新产品开发建议讨论会，并以此确定项目负责人。

员工们为了得到机会，便七嘴八舌、各抒己见。小苏说："必须先确立产品内涵，好打广告。"小马说："必须先看资金，再决定打什么类型的广告。"小包说："应该先看我们到底能开发出什么产品。"小左说："不对不对，我们先以市场为导向，先看看什么类型的日化产品畅销，再开发同类畅销产品。"……

鲁副总经理一边记录，一边既兴奋又头疼，他觉得大家说得都对，但脑子里还是不知道该从哪里着手，更无法确定谁说得更好，眼见局面控制不住了，在会议室门口听了许久的范总经理走进来，开口说："大家说得都有道理，但都只是一个点，项目负责人需要有全局概念，要有把控全局的意识和能力，建议大家各自回去写一份计划书，我们再有针对性地讨论。"

范总一番话，有理有据，掷地有声，员工们心悦诚服地安静下来。一个优秀积极的群体需要建设者提出意见和想法，需要领导层做出最后决定。假如领导层软弱无能，面对多种建议，却没有个人见解，甚至什么都觉得好，什么都想要，那么这样的群体肯定没有未来。领导者没有足够魄力作决断，也没有力排众议的勇气和强势的态度，底下的人不服从指挥，这样的群体肯定也没有未来。

相反地，过于强势的领导者会怎样呢？如果范总说："你们没有一个人有全局意识，谁也不行，这个项目取消！"员工的积极性就会被打消，甚至会埋没真正有才华，本可以做好新项目的人才。

一个强势的领导者，只把自己放在中心，觉得所有人都应该听自己的指挥。这样的人，通常不会听取他人建议，说话做事一意孤行，亲朋好友、上司下属都皆有怨言，最后也只能落到众叛亲离的悲哀下场。

不论是古代还是现代，中国人都讲究"中庸"之道，这个中庸之道并非让人处于一个中间的位置，而是让人懂得适度。凡事都得有度。

做人说话若太过强势，太过霸道，便不能做到兼听则明。这样的人没有敢说真话的朋友，也没有愿说真话的朋友，这样的日子，又如何好过呢？所以说话之道，在于中庸，在于适当。

在生活中，怎样才能注意说话方式，做一个不讨人嫌，不过于强势的人呢？

有效控场三要素

1. 从内心发出尊重他人的信号

每个人都是平等的，如果不能从内心发出尊重他人的信号，说话时就很难摆正位置，中国人讲究"谦和有礼"，这才是君子的说话之道。

2. 沟通不讲胜败只讲是否有效

很多人年轻时脾气急躁，说话像机枪，多半会被当作硬装强势，掩饰心虚。其实说话只是为了表达意见，又不是辩论场，哪来那么多胜败输赢，只要有效传达即可。

3. 真心听取建议不做表面文章

都说与人沟通不要咄咄逼人，要先学会倾听，但倾听不代表就真的能让对方理解并满意。一定要真心听取他人的建议，而非只做表面文章。

口下留情，免得伤人伤己增烦恼

俗话说：“恶语伤人心，良言利于行。”舌头是柔软的，但有些语言却像刀子一样锋利，容易刺伤别人，也会割伤自己。

一位八十多岁的老先生最近因为茶饭不思、严重失眠等问题，在家人陪同下到医院就诊。他沮丧地对医生说：“我本来年纪就大了，睡眠不多，拿东忘西也是家常便饭，但最近不知道为什么总感觉心神不宁、情绪烦躁。”

医生诊断后确定为大脑疾病，不假思索说：“哦，这是脑子出了问题。”老先生听完十分惊恐，瞬间血压升高，浑身无力地问：“是不是没有治疗希望了？我不想拖累儿女！”家人更是瞪大眼睛，像天要塌了似的，连忙扶着老人一边劝慰，一边向医生求证：“只要有一点希望，我们倾家荡产也要治！”

医生一看情况不妙，赶紧改口说：“其实这是老年人的常见病，由血清素含量低引起的，吃点补气补血、补脑安神的药物，状况就可改善，别将它当成负担，不会影响正常生活的。另外，家人要多加关心老人，让老人保持心情舒畅。”

老先生和家人这才松了一口气，脸色缓和下来说：“原来虚惊一场，可把我们一家子吓坏了，您应该说得再明白一点。”医生事后惭愧不已。

作为医生，考虑病人的承受能力是医生的职业素养，也是一种人文关怀。所以医生在阐述病情时，更需要谨慎，并使用得当的专业语言。一句无心之语，可能让病人听出可怕的弦外之音，给病人带来无谓的心理负担，若病情因此雪上加霜，医生难辞其咎。

即使非医务工作者，作为普通人，讲话也要慎重，防止令他人听出“弦外之音”，给自己带来人际关系的烦恼，甚至给别人造成无谓的痛苦。

与他人做正式的沟通时，与闲话家常有极大的区别，所有遣词造句都要围绕沟通主题展开，一些无关的语句最好去除掉。要知道，说的内容过多，不仅会造成对方的听力疲劳，还会导致对方的注意力被分散，妨碍重点表达内容的传达，同时还容易言多有失。

另外，不同情景下用不同的措辞方式，对不同的人用不同的表达方式，都可以避免伤害他人，让自己避免烦恼与灾祸。

南北朝时的齐高帝非常喜爱书法，他特别崇拜当时著名的书法家王僧虔，经常邀请王僧虔入宫，与之探讨书法技艺。某次王僧虔被齐高帝请到皇宫，两人痛快地书写一番后，齐高帝看着自己的书法作品异常满意，得意地问王僧虔：“你我的字，先生认为谁写得更好？”

这问题非常难以回答，诚然王僧虔作为一代书法大家，写出来的字肯定要比齐高帝好，但王僧虔若直接回答齐高帝的字不如自己，齐高帝面子哪能搁得住，弄不好君臣间还要生出嫌隙，王僧虔更有可能失去性命。若王僧虔回答齐高帝的字更好看，这种违心之言会被同僚看成溜须拍马之举，不符合他文人的清高个性，另外即便他如此说，齐高帝也未必真的就会领情，如果齐高帝把他看成阳奉阴违之人，他性命依然不保……

齐高帝的问题，真是难为了这个仕途经验不足的王僧虔了。所幸，王僧虔急中生智，巧妙地化解了这一场危机。他不急不缓，不卑不亢地回答：“我的字在臣中最好，您的字在君中最好！”

王僧虔的意思非常明了，他清楚地表达出一个人所共知的事实：历代以来，会写书法的臣子不计其数，而君主就那么几个，尤其擅长书法的！言外之意齐高帝的字虽然不如臣子，但在历代帝王里是最好的。齐高帝也领悟了王僧虔的弦外之音，哈哈一笑，从此就像赞赏他的书法那样佩服他的反应能力，日后再也没有提及此事，君臣关系依旧亲密无间。

可见，话到嘴边要学会精巧地表达，同样的意思用不同的方式表达，显然会收到不同的效果。说话之前务必多思考、多琢磨，要考虑一句话出口后可能产生的结果。结果是好是坏，在一定程度上都是“可控”的，全赖于我们在说话之前的“深思熟虑”。

有效控场三要素

1. 审慎思考，谨慎出言

说话之前要考虑再三，要对场景、对象作出准确判断，避免出言伤人，给自己和对方带来不愉快。审慎思考，而后巧妙地表达，更容易提升人际关系。

2. 视不同对象选择表达方式

在不同的人际关系中，比如医患关系、上下级关系，更要讲究说话的方式，言语应有度，口下要留情，避免伤害他人、得罪上司。

3. 迂回地表达真实想法

对于一些不太熟悉的人，讲话不能太直接，因为彼此的关系还未到无话不谈的程度，如果出口即说出心里话，可能在无意之中伤人，所以为了给自己和对方留余地，应尽量“迂回表达”。

话有锋芒，转个弯说更容易被接受

说话是人的基本能力，但将话语说得恰当且富有魅力，却是一门深奥且值得探究的学问。有的人选择直截了当，言辞锋利，但这种直接往往伴随着尖酸与刻薄，不经意间便伤及他人，同时也给自己埋下隐患。有的人则展现出高超的沟通技巧，他们的话语委婉而富有深意，常常以幽默风趣的方式表达，使人在欢笑中感受到温暖与舒心。

仔细观察生活，不难发现，那些真正卓越、情商出众的人，在言语交流上总是能巧妙地“拐个弯”。

每周六，张燕都会到常去的面馆吃面，这天瘦瘦高高的老板娘还是像以前一样有条不紊地忙碌着，小小的店铺里挤满了人。

坐在大门旁边的男人，是这个镇上有名的“贪便宜精”。一吃完面，他满足地站起来，用手拍了拍自己的肚子。他还没有买单，看着人多想要浑水摸鱼转身就走。老板娘反应很快，笑意盈盈地走到他的身边，轻声地说：“您看，这次的账单也没多少钱，您是这里的常客，要不咱下次再算啊！”声音虽然不大，但众人的目光都投向了这位特殊的客人。

“哎哟，大姐对不住了，你看我这记性，竟然忘了买单了！”说完他一拍脑袋，赶紧从钱包里掏出钱买单。

张燕看到这一幕，走到老板娘面前抱不平说：“老板娘，他这种人你干吗还要给他留面子，直接抓住他，看他下次还敢不敢这样。”老板娘会心一笑说：“做生意哪有那么简单，尤其说话时处处都有大学问。我这样说话一方面不得罪人，另一方面又在众目睽睽之下，给他留了面子，这样就可以拉住回头客。如果说话不懂得拐拐弯，直来直去的，恐怕我这面馆的生意，早就变成清汤挂面了。”

张燕听后受益匪浅，觉得老板娘的话确实在理。面对那些喜欢耍滑头、爱占小便宜的小人，既不能忍气吞声对其无理的行径听之任之，又不可以毫不避讳地与其发生正面冲突。老板娘的行为可谓一举多得，这样不仅宽容待人，给他人一个改过自新的机会，又能让自己不得罪小人避免惹祸上身，还能留住客人。

世事洞明皆学问，不管做哪一行都需要掌握技巧，尤其是说话的技巧。所谓和气生财，这就要求老板反应敏捷，说话要学会拐弯，不能太过直白，让听到话的人感到舒服，这样回头客就自然而然地多了。

说话拐拐弯，从其他角度展开话题，可以将原本看似为难的话题顺利展开，也会给谈话对象精神上的抚慰。

有一次，学校领导安排王老师到偏远的山区支教。校长便把王老师叫到办公室对他说：“小王啊，你知道A县吗？那可是一个山清水秀的好地方。”王老师认同地说：“是啊，A县的确是个好地方，风景优美。”

校长听后拍了拍王老师的肩膀，语重心长地说：“A县虽然是个人杰地灵的好地方，只可惜那里教育太过落后，孩子们不能接受到良好的教育。学校知道你是一位尽职尽责的好老师，校领导决定派你去支教，我们相信你一定可以把知识带给A县的孩子们，为国家培育更多优秀的人才。”王老师听到领导的话后，热血澎湃，表示到了A县以后一定会尽职尽责、好好工作。

通常情况下，教师往往很难接受被调到偏远山区支教，但是，这位校长却能够让王老师心悦诚服地去山区支教，其中的说话技巧让人不得不佩服。

校长先从A县的风景谈起，引起王老师的兴趣，继而语重心长地提到A县的教育情况，把王老师带入这个令人感叹的氛围，接着提出让王老师支教的想法，说明对他是委以重任。这样一来就可以激发老师教书育人、为国家培育人才的责任感。

听完校长的话，王老师不仅对这次工作调整没有丝毫抵触心理，反而对领导的信任深表感激。这便是说话拐拐弯，从另一个角度展开话题的好处。

倘若校长直接下命令通知王老师去A县支教，而不是通过这样有效的沟通，王老师可能会对这次的人员选择产生怀疑，认为领导有意刁难自己，就不会心服口服地前往山区支教。

虽然说话应该简单明了，让对方快速理解才好，但在许多场合，有一些话是不好直说的。别以为在任何时候讲话都要直来直去，用拐弯抹角的方式就是小人行径，被人不齿，殊不知在特定场合，不捅破窗户纸，不明言公认事实，仅需蜻蜓点水式的点到为止，双方都会意了即可。

每一个人都不喜欢被人批评，都喜欢听赞美的话。倘若凡事直来直去，毫无避讳地说别人的缺点，揭别人的短处，一方面会伤害他人；另一方面会引起别人的不满，遇到小人怀恨在心，就可能带来更多的麻烦。

说话拐拐弯，就需要不轻易说一些容易影响到他人的失礼的话，可以换一种他人更容易接受的方式来表达。

说话拐拐弯是一种善于思考的表现，也是一种善于交际的表现。

有效控场三要素

1. 暗示法，旁敲侧击，表明立场

在发现他人出现错误的时候，不要急于直接指出对方的错误，可以用其他语言旁敲侧击，善意地提醒对方。

2. 延展法，简单话题，引导观点

先从其他简单话题谈起，进而引出观点。从人们比较熟悉的易于接受的话题开始，营造出特殊的语境，继而引出话题，引起他人的共鸣。

3. 多思考，说话妥当，不说恶语

避免无意中出口伤人。说话前，注意谈话的环境，以及谈话的对象，多使用礼貌的词汇、谦逊的话语进行交谈。

心理博弈

——洞察人心的语言艺术

逆向思维：答非所问，将劣势变优势

逆向思维是一种独特的思维能力，它倡导不直接迎难而上解决问题，而是采取一种迂回或反向的视角，结合多个侧面进行深度考量，从而找到解决问题的新途径。在人际交往的广阔舞台上，这种思维方式被赋予了“出奇制胜”的意味，它赋予我们一种非凡的能力，使我们能够在与他人的交流中灵活应变，巧妙掌控对话的节奏与氛围，实现沟通的高效与顺畅。

一群暑期勤工俭学的大学生，趁学校放假找到一份商场促销酸奶的兼职工作，负责培训他们的督导张经理是一个深谙顾客心理、懂得运用语言技巧的能人。在简单培训之后，张经理特别强调，要求大家在不夸大产品功效的同时，适当赞美顾客。

学生们表面上应承了，其实并不知道如何才能适当地赞美顾客，只是努力记下了顾客最为关心的产品信息，比如酸奶的营养价值、配料表、保质期、生产日期，就连公司宣传口号都背得烂熟。于是他们就兴奋地摩拳擦掌，进入了工作状态！

朱丽接待的第一个顾客，是一位打扮入时、有点职场精英范儿的年轻女顾客。朱丽以为说点专业术语就能打动这位时尚的女士，便直接开口介绍："我们的酸奶，都是经过巴氏杀菌处理的，是非常健康好喝又有营养的酸奶，还有助于消化。"

然而，女顾客却未按常理"出牌"，问道："巴氏杀菌？具体是怎么处理的？"朱丽明显专业知识不足，磕磕巴巴地讲："就是……杀菌……"这种专业功底不在线的样子，让她在顾客面前显得局促不安。

看到朱丽窘迫的样子，女顾客显然信心不足，掉头就要走向其他品牌的货柜，这时张经理笑意盈盈地走过来，跟那位年轻女士轻松自然地说："耶！小妹妹，你的围巾好好看啊！衬得皮肤特别白，整个人看起来好有气质。在哪里买的啊？我也想买一条，可不知道什么样的适合我？你有时间帮姐参谋一下啊！"

女顾客顿时来了精神，一边笑着，一边跟张经理聊起围巾的话题："在小燕莎买的，有点儿小贵，不过质量挺好，也值了。我觉得你的个头挺高，适合颜色多、花型大的那种，显得更有职业范儿！"

两个女人越聊越投机，不知道的还以为是老朋友见面，最后，女顾客也忘记问什么"巴氏杀菌"的问题，直接提了两箱酸奶乐呵呵地走了。

朱丽整整一个上午都非常不解，张经理的推销方式，并没有回答"巴氏杀菌"这个问题，所答非所问，怎么顾客就愿意购买了呢？其实张经理只是回避了自己没有把握回答的问题，而是以赞美的方式转移了顾客的注意力。一般来说，只要顾客不再执着于原来的问题，就说明促销员还有销售产品的机会。

下午，商场的酸奶专柜旁又来了一对老年夫妻，两个人行动很慢，可能年纪大、眼睛也花了，老伯伯掏出老花镜，一个字一个字地给老婆婆读着产品说明。温平接待的顾客刚好离开，便走上前跟两位老人打招呼："如果您二老不介意，我可以代劳，读读这个说明。"

老人当然很乐意，听温平念完产品说明后，又问了各种问题。温平看出老婆婆有点嫌贵，没有购买的意思，她想到还有一些打折酸奶，认为价格便宜些应该能得到老婆婆的认可，就推荐起来，谁知老伯伯担心打折产品保质期短，不够新鲜，两个老人家就像孩子似的，在商场里不顾旁人地争执起来……

温平这下子可没辙了，不知道怎么劝慰眼前这两个固执的老人。张经理见状，走上前面带笑意温和地说："刚刚听到您二老说话，好亲切啊，我父母在家也是这样，总是各说各的理，他们虽说吵吵闹闹，但感情是真的好！"

两位老人被张经理的话打断，气氛顿时缓和下来，脸上也有了笑容，老婆婆还拉着张经理说："姑娘，你来说说，这打折的东西是不是快过期的？"张经理答："是，但保质期内食用完全没有问题。"老伯伯说："姑娘，你是不知道，我这个老婆子消化不好，打折的不新鲜，对她身体不好！贵了咱就不买，也不能买不新鲜的！"

张经理为促成销售，灵机一动，说："您二老说得都有道理，我们的产品能放在货架上，商场允许我们销售，就说明产品没有问题。另外，大爷我跟您讲，阿姨的消化不好，我们酸奶就是有助于消化的食品，打不打折都是对消化有益的，您完全可以放心让阿姨食用。”

张经理又回头拉着老婆婆的手，说：“阿姨，我跟你分享个小妙招，这酸奶如果您放在家里过期了，也不用扔掉哦，发面蒸馒头时可以当作酵母使用，比酵母粉和小苏打发面效果好很多哦！又白又暄，我妈常做，可口着呢！”

老夫妻一听张经理介绍，购买兴趣有点浓了，张经理继续说：“今天不买没关系，了解我们的酸奶了，以后想喝时再来，我们这里天天都有卖，我也基本天天在这上班，您二老以后要是有空，即使不买东西也常过来走走，咱们还能聊聊天。”

两位老人被张经理这么“忽悠”一番，最后乐颠颠地买了几箱打折酸奶回家去了。当然张经理介绍的酸奶助消化和发面小妙招，都是有科学依据的，并非信口开河，糊弄老人家。

打工的大学生们，经过一整天观察张经理如何接待顾客，都有种茅塞顿开的感觉。张经理接待顾客用到了“答非所问”的方式，哪怕用“忽悠”的办法，先跟顾客交上朋友，得到顾客积极响应后，不用特意推销产品，也能成交了！

或许在大众看来，答非所问是迫于无奈和压力才使用的沟通方法，其实不然，只要不是信口开河、欺骗别人，这方法就能将沟通劣势变为优势。

有效控场三要素

1. 以不经意的方式转移话题

转移话题时，若速度过快，画风突变，会让对方觉得唐突，不礼貌。最好装作无意中发现的惊讶状，做出不经意的样子。

2. 不要低于正确答案的价值

答非所问时，所转移回答的内容，其价值要盖过正确答案的价值。比如，回答的内容要比对方提出的问题更吸引对方，才能成功转移对方注意力，再慢慢引导对方回到自己所希望的沟通原点上来。

3. “忽悠”不等于用非事实欺骗

夸人要夸到点子上，不能过度浮夸，比如矮个子的人，夸他高大威猛，就显得不诚实了。这里所说的“忽悠”，多是以赞美形式转移对方注意力。“答非所问”可不是用瞎编的谎话欺骗他人，必须基于事实，有理有据，才能令人信服。

留给对方台阶，拓宽人生上限

卡耐基曾应邀参加一个学者聚会，席间有一位年轻学者讲了一个笑话，结尾引用了一句话，并特别提到引自《圣经》，众人虽是哈哈大笑，却略显尴尬，卡耐基知道原因并高声说："对不起，先生，您刚刚说得不对，这句话出自莎士比亚！"

年轻学者并未意识到错误，两人开始激烈争辩。此时卡耐基刚好看到一个相熟的朋友，这位朋友是一位经常出入"百老汇"的舞台剧导演，对莎士比亚的剧目极为熟悉。于是他请朋友来作评判，谁知那位朋友却判定年轻人是正确的。

聚会之后，卡耐基跟那位导演朋友抱怨："您比我们更了解莎士比亚的剧，应该知道我是正确的，怎么能判定他对？"朋友却笑了："您是对的，可我们证明那个年轻人有错，那样他就太没有面子了。其实聚会中很多人都知道您是正确的，但是大家都没有说，也是这个原因。"

卡耐基余愠稍减："可是，这样一来，我也没有面子啊！"朋友继续解释道："您是一个乐观开朗、内心强大的人。但今天宴会上那位年轻学者我不了解，万一因我们的反驳令他当众丢脸，从此信心大减，可能毁掉一个年轻人，那将是件多么遗憾且糟糕的事情啊！"

卡耐基的朋友不以个人感情评判是非，而是从人文关怀的角度出发，他的选择已经超越讨论事件对与错的意义。他愿意真正考虑他人的感受，有效化解冲突，让一个年轻的生命产生足够的信心，创造出更多美好的东西。

从此以后，卡耐基也真正懂得了一个道理：永远不要和别人发生正面冲突！得饶人处且饶人。这个道理，在卡耐基日后出版的各种成功励志书籍和历次的演讲中都有提及，他已经真正明了“得饶人处且饶人”的意义！

中国人一向讲究“适度”二字，将之放在“得饶人处且饶人”中亦是恰当的。面对他人的窘境，讲话一定要适度，不要过分，给他人保留一丝颜面。正所谓“人前留一面，日后好相见”，这个道理可能人人都懂，付诸实践的却不多。

在现实生活中，人们为了显示自己的优越感常常咬住对方过错不放，一味埋怨他人，这样确实能获得一时满足，可长此以往就会引起别人不满，继而产生大量负面影响，给自己带来难以估量的损失。

那些在人前讲话，懂得给人留情面的人，不仅善良而且情商颇高。他们擅长给他人台阶，这既是一种为人着想的善良，也是一种明哲保身的智慧。

明朝的开国皇帝朱元璋很喜欢钓鱼，但他钓鱼的技术很差。有一天，朱元璋邀请内阁首辅解缙到御花园陪自己钓鱼。不一会儿，解缙就钓上了几条鱼，看着活蹦乱跳的战利品，解缙非常高兴。而朱元璋等了很久一条鱼都没有钓到，十分恼火。

俗话说“伴君如伴虎”，解缙怕惹祸上身，便心生一计。只听他毕恭毕敬地说道：“启奏皇上，那些鱼儿很通人性，也很懂规矩呀！”

朱元璋一听这话，顿时来了兴趣：“此话怎讲？”

解缙随口吟了一首诗：“数尺丝纶落水中，金钩抛下隐无踪。凡鱼不敢朝天子，万岁君王只钓龙。”

这首诗的大意是，鱼儿是凡物，不敢面见天子，只有龙才能与一朝天子相遇。这首诗让朱元璋很有面子，他的自尊心也得到了维护，于是转怒为喜。

在人际交往中，适时地给予他人一个台阶，实则是为自己铺路。人生舞台，谁人无尴尬之时？因此，在沟通与交流的每一个瞬间，我们都应心怀善意，掌握好言语与行为的分寸感，细心呵护他人的尊严与体面。

当察觉到对方处于尴尬或困境之中时，我们不妨主动伸出援手，或是以巧妙的方式为其提供一个“下台阶”的契机。这样的举动不仅体现了我们的修养与智慧，更是在无形中编织了一张人际关系的安全网，让彼此在未来的日子里都能有路可走。

“给别人的脚下垫一级台阶，你会看到世界对你双倍的赞赏。”人与人的交往是相互的，悦人即悦己，渡人即渡己。

有效控场三要素

1. 不必太过较真

在公共场合说话时，不必太过于较真，许多事可以在私下里解决。当众指责批评对方，不仅让他人没有面子，也会显得自己气量狭小，斤斤计较。

2. 怀有宽容之心

要有一颗宽容之心，不论是对人还是对事，讲话时总是揪着他人过错不放，就会显得自己没有容人雅量，难成大事。

3. 肯定他人优点

无论是公开发言，还是私下沟通，即使对方有不足，在讲话时，也要先找出对方的优点给予肯定，以鼓励的态度提醒对方，这才能达到沟通的最终目的。

精准反击：在交谈中给对方“挖坑”

在一个老旧小区里，住着很多退休的老人，大多赋闲在家。有位阿姨看到小区里有一块三角地一直空着，便撒了一点白菜籽儿，恰巧遇见正要过来种生菜的大叔，两个人对于这块地的使用权产生了分歧，各自都认为这块地是属于自己的，由小争执逐渐升级成大吵大闹。

小区的物业经理赶来调停，大叔的理由是：“这地离我家比较近，应该归我使用才对。”阿姨更是毫不相让：“就算离你家近，但你家是二楼，我家虽然比你家稍远，也不过差了一户人家，但我家是一楼，这样算来，离我家更近，应当归我家使用才对。”

两个人扯着物业经理，让他给个定论。这块地原本是拆除了小区另一位业主三年前的违建之后，腾出来的一块三角地带，物业改成绿化地却因绿化浇水的龙头够不上，一年来种花种草也没活起来，就又闲置成废弃空地，小区正要加装水龙头，重新绿化。

没想到两位业主的行动居然比物业更快，还因此争执起来，物业经理有些为难。众所周知，物业与业主之间关系难搞，有些事情物业不好处理，若给少数业主开绿灯，就会引起大批业主不满意。

物业经理想了想，微笑着说了句话，两人便都无话可说了：

“按阿姨叔叔的说法，你们两家离我们物业都近，是不是您二老家都属于我们物业的？”

这下两人反倒红起脸来，物业经理顺势提出来：“这地是属于公共用地，若是两人一定要使用，按照规矩还得交上一笔额外物业费呢。不如这样，你们一家一半吧，先种一个季度，如果有其他业主投诉，那我就没有办法了，你们两家必须交出这块地，不管地里的菜长没长大！”

两个人不再争执着要用这块地。这块地也再无人来种菜，物业顺利收回，最后变成一块不错的公共绿化地。

这位物业经理显然是借力打力，用当事人的“强盗逻辑”说服当事人。若真去讲道理，不一定能讲明白，而且还会引发更多矛盾，比如那两位业主提出：“为何违建三年了才拆除？是不是也得给我们用三年啊？”

所以，物业经理没有立即驳回两位主业的要求，而是先给他们一个甜枣，允许他们使用，然后提出其他业主若有反对，他们务必第一时间交出土地，两位主业心里自然会盘算：要是自己种的菜还没长大，不就等于白种了吗？果真打消了争取空地的念头！

物业经理正是用了与这两位业主相同的“强盗逻辑”进行辩护，不争不吵、不打不闹，不得罪任何一方，还让他们自动退让，取得了事半功倍的效果。

住在这个老旧小区里的业主多数是老人，都是老邻居了，经常相互走动。也常有人在茶余饭后，探听些八卦，便会出来说三道四，人之常情，在所难免。

六婆喜欢和三姑一起嘀咕邻居长长短短，那日三姑便和六婆说起隔壁阿花新男友的闲话："我说阿花就不能正正经经地处个对象，她新找那个男的，留着大长头发，还戴个耳钉，穿个破洞的裤子，怕是不像个好东西……诺，我告诉你了，你可别出去瞎说！"

六婆连连说肯定会保密，差点没起誓，回头去菜市场就遇到了楼上的琴婶，聊着聊着不知不觉就讲起阿花的闲事来。琴婶虽是没什么文化的老婆婆，却不爱讲人闲话，更不爱听什么闲话，但又不能直接把六婆驳回去。只见她哭丧着脸说："六婆，你都能够保密，我怎么能不保密呢，我拿丈夫儿子起誓，若传出去大家都烂嘴。都说好的不灵、坏的灵，我烂嘴无所谓，万一殃及您可就不好了。"六婆乍一听这话还挺满意，回家后越想越不是滋味，琴婶话里话外不就是告诉自己谁传闲话谁烂嘴吗?

从那以后，六婆再见琴婶，总是尴尬地笑笑，或者客客气气地打招呼，再也不说什么道听途说的闲话了，也不再跟三姑瞎琢磨别人家的事了。

适当反驳，才能保证自己不受伤害。但反驳激烈容易升级为争吵，得不偿失。比如物业经理利用"吓唬"的办法捍卫了物业的权利，琴婶巧妙地用"烂嘴"的办法表达出自己不愿听闲话的个性。都是典型的巧做防卫的说话技巧。

那么如何才能不咄咄逼人，还能有力还击，保护自己呢?

有效控场三要素

1. 顺势而语

用对方的逻辑观点反驳对方，让对方短时间内无言以对。因为一个人很难瞬间找出自己逻辑的漏洞，这远比找出别人的逻辑漏洞要难。若按照对方逻辑进行辩护自卫，对方就会容易被自己绕进去，从而认同自己的观点。

2. 幽默比拟

在对话中，没有人会喜欢太过直白的反驳，人都是要面子的。一般反驳他人，是为了保护自己的立场，但不至于一定要以得罪别人的方式，采用幽默语言，列举例子，多作比喻，用这种形象化的方式来巧做防卫，给对方留个台阶下，不容易交恶。

3. 打感情牌

多打感情牌，以柔克刚，这也是老祖宗的智慧。反驳，不一定非要气势汹汹，一副得理不饶人的样子，因为世人多容易站在弱者角度评判事物，很难当下即用理性思维考虑一切问题，因而多用柔性词语为宜，比如，“我理解你的感受，请你也谅解我的难处”。还可以多说自己的难处，引起对方共鸣，然后再进行意见交换，这也是一种有效的反驳。

善忍者谋大局，争胜者永无利

从古至今，成大事者向来不拘小节，很多是忍受非人苦楚后走上人生巅峰。韩信少时失去双亲，受尽歧视冷眼，曾被恶霸当众欺辱："有本事的话，用你的佩剑刺我，否则从我胯下钻过去。"韩信深知寡不敌众，不是强逞英雄之时，真的当众钻了过去。后来他几经征战，终于成为一代名将。

"小忍"和"大谋"，孰轻孰重，明白人都能拎得清吧。

春秋时期，吴国边境的卑梁城与楚国边城钟离邑毗邻，百姓都以桑蚕织造为生，桑树对他们而言无异于生计之根本。一天，一名楚国少女与吴国少女为争一株桑树而发生冲突。这场小女孩间的纠纷，如同投入湖面的石子，激起了层层涟漪。

双方女孩回家哭诉，激起了家族间的愤怒之火，成人间的冲突迅速从口角升级到械斗。这起初的邻里恩怨，如同野火燎原迅速蔓延至两国边境管理层。吴国边邑长官听到后怒不可遏，亲自披甲上阵，将私人恩怨演变为两城之间的武装冲突。楚王见状，急忙派军队增援。消息传到吴王耳中，他震怒之下，不顾大局，毅然挥师伐楚。这一连串连锁反应让人瞠目结舌，谁能想到原本只是两少女之间的冲突，居然催化成两国的一场浩劫。

俗话说："忍字是心字头上一把刀。"忍虽难，却可以化解矛盾冲突，有道是“百忍成金”。忍耐的重点在于耐，要耐得住困难，耐得住艰险，耐得住寂寞。一个人若有了忍耐之心，容忍之心，势必可以做到胸中藏万物。

毛泽东在写给陈毅的一封信中这样讲道：“凡事忍耐，多想自己缺点，增益其所不能；照顾大局，只要不妨大的原则，多多原谅人家。忍耐最难，但作一个政治家，必须练习忍耐……”

“忍一时风平浪静，退一步海阔天空。”所谓君子就是能忍常人所不能忍的，能容常人所不能容的。所以，要想成为社交高手，控场达人，也必然要修习“忍字诀”。

在赵国的朝堂之上，廉颇与蔺相如皆为重臣，可是两人的境遇不同。廉颇，身为赵国资深将领，战功赫赫，威名远扬；而蔺相如，则以其非凡的智慧与口才成为后起之秀，深得赵王器重，地位迅速攀升。于是朝野间流言四起，大家都说蔺相如或将取代廉颇之位。

廉颇听到后很不高兴，愤慨地说：“我身为赵国大将，身经百战，立下汗马功劳；而蔺相如不过一介布衣，仅凭口舌之利便凌驾于我之上，此等情形，实乃我之耻辱，我岂能咽下这口气！”更扬言要当面羞辱他一番。

蔺相如得知此事后，没有选择针锋相对，反而采取了避让之策。他刻意避开与廉颇的相遇，即便是朝会也常以身体不适为由缺席，更在公开场合主动给廉颇让路。一众门客十分不解，纷纷询问蔺相为什么害怕廉颇。

蔺相如反问门客：“大家以为，廉将军的威严能否与秦王相提并论？”门客们都摇头。蔺相如继而说：“连秦王那般强势之君，我都能在他的朝堂之上直言不讳，令其群臣失色。我不是怕廉将军，而是深知赵国之所以能安然无恙，都是因为我与廉将军并肩作战。如果我们二人相争，一定会被敌人乘虚而入。所以为了国家大局着想，个人恩怨暂且搁置一旁。”

蔺相如的胸怀与远见，最终感动了廉颇。廉颇深感愧疚，于是赤裸上身，背着荆条向蔺相如请罪。两人从此结为生死之交。

子曰：“巧言乱德，小不忍，则乱大谋。”就是说在遇到事情的时候，要懂得隐忍和退让，不逞一时英雄。这并不是懦弱的表现，而是适时地保护自己。针锋相对，非要拼个鱼死网破，最后只能落得两败俱伤，损人不利己。

每个人的生活都可能遇到这样那样的问题，若只随心性处事，很难成就一番大事业。遇事多管理情绪，多一分隐忍，待时机成熟后再解决问题，才是最好的生存之道。当然，“小忍”也并不是没有下限的一味退让，忍也要有分寸和尺度。在人际交往中同样如此，控制好沟通节奏，既不强忍，又不争胜，自然会成为谈话的主导者。

有效控场三要素

1. 容人雅量，修炼非凡气度

与人沟通时，要有气度和智慧；表达观点时，要晓之以理，动之以情。不要咄咄逼人，让别人下不了台。

2. 管理情绪，学会冷静“小忍”

在说话之前，能够沉着冷静地思考。即便受到委屈，也要学会管理自己的情绪，并寻找合适的时机解决问题。小忍，可以让自己等到转机的那一刻。

3. 心存大志，时以大局为重

在表达方式上要张弛有度，率性自由的话语固然能让自己开心，但有时也会因此给自己招来横祸。时刻心存大志，就能处处以大局为重，从而实现最终的意愿。

说话留余地，做事留退路

在辩论赛或谈判等场合，立场相对的双方犹如狭路相逢，为取得胜利，往往言辞咄咄逼人。

可是，在日常工作、生活的人际交往中，与人交谈并不是以输赢为目的，大部分都是为了沟通、交流，因此若一味咄咄逼人，会给人留下不近人情、讲话刻薄的坏印象。

刘江在某公司工作三年了，业务上兢兢业业，为人圆滑聪明，就连严厉的老板也很少批评他。和他一同进公司的沈军在业务上也是一把好手，两人由于年龄相当，业务交集多，自然关系亲密，经常互相倾诉工作中的烦恼，交流工作心得。

两人谈论的话题十分广泛，偶尔也会说起老板。一次挨批之后，沈军向刘江抱怨："咱们老板精通业务，就是脾气太火暴，对下属也太严厉了。"刘江笑笑并没说什么。

在一次公司人员调整的会议上，人力资源部提议的主任一职有两位候选人，正是刘江和沈军。两人对这一职位都心仪已久，虽然二人平日关系较好，但面对晋升之争也开始面红耳赤起来。

老板当面问沈军："沈军啊，你觉得我这个人怎么样啊？"沈军赞扬了老板的业务能力。老板又问："可我听说你背后批评我太过严厉啊？"沈军早已不记得自己曾向刘江发过牢骚，忙矢口否认。可刘江力证沈军确实说过此话，沈军忙向老板解释自己当时正在气头上，并不是想要诋毁老板。刘江却对沈军说老板坏话一事不依不饶。

散会后两人就再也没有说过话。沈军认为自己有眼无珠，竟把品格低劣的人当作朋友，在关键时刻，刘江竟然咄咄逼人，揪住自己无意中说过的话不放，在老板面前不顾情面、不留余地揭发自己。而刘江认为自己即将升职，也就没有必要顾及沈军的感受。

两人僵持了一周多，人员调整名单公布，结果令人大跌眼镜——主任一职赫然写着沈军的名字。沈军不敢相信自己的眼睛，跑去找老板，一是检讨自己的言行；二是问明情况。

老板虽然严厉，但他却并不生沈军的气。他告诉沈军："你说我对下属过度严厉，一是因为我批评了你，你带着情绪；二是我对待下属的确有些严厉。而刘江当着我的面揭发你，为个人利益，可以不顾多年情义，那么谁知道他日后会不会为了一己之私，利用我的无心之言陷害我呢？如果说你的问题在于交浅言深，那么他的问题就在于说话不留余地，刻薄无情。"

沈军对老板的宽容十分感激，他为自己感到幸运的同时，也为刘江感到惋惜。平心而论，刘江的业务能力不在自己之下，若不是刘江为了个人利益，关键时刻揪住自己的把柄想要置自己于死地，没准升职的就会是刘江。

俗话说"说话短，记话长"，背后议论他人当然不可取，但若为了个人利益把自己置于告密者的位置，最终也会失去其他人的信任。

在交流中，细心关注感受他人的心理动向，也是我们应该具备的一种能力。如果发觉对方不想让话题继续下去或不愿提起某件事情，那么就不要刨根问底，咄咄逼人。放人一马，他人也会心存感激。

做事留一线，日后好相见。放过他人，就是放过自己。蔺相如听闻廉颇背后对自己的非议后并不计较，还假借生病不上朝，避免与廉颇针锋相对。这样既不会让廉颇没有台阶下，又彰显了自己的宽容之心。正是因为他懂得给他人留有余地，才收获了生死挚友。

懂兵法的人都知晓“穷寇莫追”，那么在说话时，为何要对他人穷追不舍呢？如果沉默可以保留双方情面，又为何要撕开那层面纱，让双方都难堪呢？

话说三分，掌握分寸。若为了保障自己的利益而不顾他人脸面，这本就是一种自私的行为。人与人相交，话中有情，在关键时刻若能站在他人的角度，放人一马，而不是咄咄逼人，这份情谊自然会被他人铭记。

在与人交往时，如何才能顾及双方体面，不斩断对方的生路呢？

有效控场三要素

1. 权衡利弊，谨言慎行

在一句话脱口而出之前，思考权衡轻重利弊，如果利人利己，那么便可以说；如果毫无功用，可说可不说；如果损人利己，那么最好不要说，以免最终双方俱损，为自己树敌。

2. 留心观察，掌控情绪

有些话，说者无心，听者有意。在说话之前，最好能够细致地观察他人的情绪变化，站在他人角度揣摩其心理活动。如果对方有明显转移话题或出现否定情绪，那么便不要继续说下去了。

3. 心怀真诚，与人方便

与人方便，就是与己方便；放人一马，也是给自己留一条后路。在言语上战胜他人，即使最终获利，也会落得尖酸刻薄之名。人生在世，多交朋友大路宽，或许在宽容对待他人、放人一马的过程中，能够意外收获一份友谊。

处变不惊，妙语应对他人恶语

不经历风雨，怎能见彩虹？人在社会上生存，总会遇到为难自己的人，或出于立场不同，或因为三观不合，或由于误会使然……遇到这样的人和事，不要急于做出激烈的反应，而是应当先冷静下来，然后考虑如何得体地回应，只有保持处乱不惊的心态，才能让自己摆脱困境。

春秋时期，晏子作为齐国的使节出使楚国。楚国君臣知道晏子在齐国很有名望，打算羞辱他一番，以彰显楚国国威。

他们知道晏子个子矮，于是故意关闭大门，在大门旁边开一个五尺高小洞，请晏子进来。晏子见状，非但不怒，反而机智地说："这个门像狗洞一样，只有出使狗国才能从这里走。"迎客的大臣一听，顿时哑口无言，只得尴尬地打开大门迎客。

楚王一见到晏子，便以轻蔑的口吻问道："齐国没有人了吗？"晏子从容不迫地说："齐国人口众多，如果每个人的衣袖相连，足可蔽日，汗水汇聚足可成雨，怎么能说齐国没有人呢？"

楚王再次挑衅："既然如此，为什么会派你这样的人来呢？"晏子微微一笑，答道："我们齐国有一个规矩，智者出使贤国，愚者出使不肖之国。我是最没有才能的，所以才被派到这里来。"楚王一听，既生气又无奈，只能再想其他办法刁难晏子。

楚王设下酒宴招待晏子。席间，两名士兵押着一个犯人走上大殿。当楚王得知犯人是齐国人，在楚国犯了偷窃罪后，故作惊讶地问：“齐国人本来就善于偷窃吗？”

晏子神色自若地说：“橘生淮南则为橘，生于淮北则为枳，它们的叶子相似，味道却截然不同。这到底是为什么呢？原因就在于水土不同嘛。你看，齐国人在齐国的时候都是规规矩矩、不偷不抢的，怎么一到了楚国就变成盗贼了呢？难道是因为楚国的水土使老百姓变得爱偷东西吗？”

听晏子这么说，楚王的脸一下子就红了。楚王本来想羞辱晏子，让他出丑的，没想到晏子这么聪明，用楚王的话来反讽，让楚国成了笑话。

语言的确十分玄妙，可一言定人生死。处变不惊，妙语应对他人恶意的例子数不胜数，除了“晏子使楚”，还有著名的“七步成诗”的故事，至今仍为人们津津乐道。

曹丕和曹植是同一个母亲所生的亲兄弟，二人均文采出众，文学史上把他们兄弟俩与他们的父亲曹操并称为“三曹”。三人之中，曹植能出口成文、下笔成章，在建安诗坛的成就最大。

曹操爱才，对曹植更偏爱一些，还曾几次想要将他立为太子，因遭到朝臣反对，才不得不作罢。这也引起了曹丕的不满和猜忌，为曹植日后埋下了无尽的祸端。曹操死后，曹丕当上魏王，依旧忌恨曹植，便找机会故意为难他。有一天，曹丕要求曹植必须在七步之内作成一首诗，否则便要治他的罪。

人为刀俎我为鱼肉，面对曹丕的恶意刁难，曹植此时应对稍有不慎，就有可能人头落地。在有限的时间里，曹植镇定自若，庙宇之上胜似闲庭漫步，从容地吟出了著名的《七步诗》：“煮豆燃豆萁，豆在釜中泣。本是同根生，相煎何太急？”

曹植机智地用诗句隐喻自身的处境，成功唤醒了曹丕心里残存的一丝兄弟情义，免去一场杀身之祸。这固然得益于曹植深厚的文学造诣，但是处变不惊的心理素质也十分重要。越是面对危急状态，越是要先调整好心态，只有这样才有可能思考应对之策，从困境中解脱出来。

日常生活磨炼品格，关键时刻彰显品格。要想做到处变不惊、从容应对，需要平时做好相关积累和准备。

有效控场三要素

1. 处变不惊，底气支撑

没有人生来就能做到处变不惊，这需要有足够的底气作支撑，而底气来源于自身积累的经验与学识。在日常生活中，要养成独立思考、自主学习的习惯，一点点慢慢积累。所谓三人行必有我师。要想成为智者，可通过不断阅读，来吸取智者先贤的智慧；也可通过沟通交流，与周围的人进行思想碰撞，激发出智慧的火花。

2. 天赋有余，善良选择

面对他人言语中的恶意，是反唇相讥还是隐忍退让？因不同的立场和主张，可能人们会有不同的选择。日常生活中，与人为善，凡事都从好的方向去理解，心胸就会越来越开阔，心态也会越来越平和，也更有助于化解眼前的难题。

3. 一笑了之，过后不提

面对他人的恶语，最好能够一笑了之，这需要具有一定的胸怀格局。应对时，可适当展现幽默感，通过使用一些谐音梗或比喻来引人发笑，从而化解冲突。当然，最重要的还是在一笑了之以后，事过不提，才能真正化敌为友。

婉拒他人，要顾及他人的颜面

在人际交往中，顾及对方颜面是高情商的表现。在否定或反驳对方的观点时，应考虑对方的感受，避免直接冲突，引发矛盾。既要尊重对方的立场与观点，又要用温和而坚定的态度表达自己的想法。这既能展现个人修养，也有助于形成有效交流。记住，维护他人的面子，就是为自己铺设理解的桥梁。

丽丽在一家服装公司工作，她刚二十出头，正值青春年华。平日里，热情的同事和领导经常为她介绍对象，可她无心恋爱，想趁年轻为事业打拼一下，心思全放在工作上，所以同事和领导的好意，带给她的多数是尴尬和不堪其扰。

某天，丽丽下班后被同事韩姐叫住了。看着韩姐乐颠颠地跑过来，她感觉似乎情况不太妙，果然韩姐对她说："丽丽，我阿姨家的儿子特别优秀，要不我把你的联系方式给他，你们俩聊一聊？"

韩姐虽是在询问丽丽的意见，可还没等丽丽开口，韩姐就要把丽丽的联系方式用微信推送给对方。丽丽见状一把拦下来："韩姐，有件事困扰我好久了，我想请教你一下，可以吗？"

韩姐放下手机，热情地说："没问题，咱俩的关系，你还跟韩姐客气啥？你说。"丽丽说："我一直在想，人在年轻时，是应该坚持梦想，为事业踩一脚油门往前冲呢，还是像爸妈希望的那样，安心找个好老公呢？”

韩姐推了推眼镜：“当然要坚持梦想努力奋斗啊，年轻无极限，当然得拼啊！所以丽丽，你趁现在什么负担都没有，好好工作，追求理想。”说完韩姐拍了拍丽丽的肩膀以过来人的语气劝道：“不过也不耽误找对象啊，女孩成家了不是能更安心打拼事业吗？”

丽丽为难地说：“韩姐，你看我上学这么多年，花了家里不少钱，现在只是一个小办事员，挣不了多少钱，还没好好孝敬父母，就急着嫁人组建自己的小家。我觉得于心不忍，还想在家多陪父母几年。”

韩姐本就是热心肠直性子，尤其喜欢孝敬父母的年轻人，被丽丽的一番话感动了，立即断了给丽丽介绍男朋友的想法。韩姐说：“丽丽，韩姐支持你这份孝心，等你啥时候想谈恋爱了，跟韩姐说一声，韩姐肯定给你找一个能配得上你的男孩子。”

此后韩姐不再提给丽丽介绍男朋友的事了，而是跟她讲一些自己和父母之间的温馨小事或与公婆相处的一些烦心事。两人原本只是同事关系，现在变成了好闺蜜。

丽丽对韩姐多次为自己介绍男朋友的行为，虽然内心不堪其扰，却未表现出不耐烦的情绪，但也没任由这种状况持续。面对难以继续的话题，丽丽先以退为进，抛出问题，转移话题，再联系实际情况，用实现理想、多陪家人等理由，谢绝别人的好意。这样不仅为自己树立了孝敬父母的好形象，也没有伤害韩姐的一番好意，韩姐也不会因被拒绝而尴尬。

丽丽的这种提问式的方法，让韩姐明白丽丽真正想要的并非找对象结婚，韩姐自然不会再强人所难了。

生活当中，难免遇到他人一番好意的“给予”，但又非自己所愿的时候，如何巧妙得体地婉拒，也需要一定的智慧。

小华是一名中学生，成绩优秀，性格乖巧。老师经常安排他参加课外实践活动，小华也乐意锻炼自己，因而从未拒绝。但初三阶段面临升学，学习压力很大，本来就没有休息时间，还要完成课外实践，小华越来越力不从心，烦恼也多了起来。

小华跟父母说了自己的困境。父母都是知识分子，比较尊重孩子的意见，他们认为，孩子的事情，让孩子自行处理，对成长也是有利的。于是父母指导了小华一番，告诉他谈话时，对老师务必尊重，不可语气生硬。不管结果如何，谈话结束时都要向老师表示感谢。

小华按照父母的建议，鼓起勇气找到班主任，说：“老师，您能给我看一下这学期我的成绩表吗？”天下哪有老师不喜欢学生关注成绩的，班主任便高兴地找给小华，小华看完沮丧地说：“老师，我这学期成绩有些起伏，心里很不安啊！不知道能不能考上理想的高中？”

老师有些惊讶，看了一下成绩单，放心不少，安慰他：“这学期你的成绩确实有些浮动，但只要发挥正常，考进理想的高中是没问题的。”小华看起来精神振作不少，又说：“老师，我想在最后这学期再努力提升一下，成绩稳定，也能建立自信，有助于我中考时稳定发挥。”

小华见自己的想法得到班主任的赞同，便趁热打铁地说：“老师，如果我集中精力学习，参加课外实践的机会就少了，也就少了锻炼自己的机会了。”班主任笑着点头：“没关系，学习是学生的本分。课外实践活动不在于这一朝一夕，以后有时间再参加也不晚。”

小华最后不无遗憾地表示：如果可以兼顾，一定不会放弃老师安排的这些课外实践机会，对于以往在课外实践中得到的锻炼，他觉得将来一定会有大用处，能让自己受益终身。这些话并不是父母教的，而是小华的真情实感，因此他说得特别诚恳，老师也非常感动，觉得自己没有白培养这个学生。

很多事情就是这样，如果不主动说明，别人可能没有意识到自己的好意已经造成了他人的困扰。若想摆脱困境，又不破坏彼此之间的关系，委婉拒绝时，就需要一些方法。

有效控场三要素

1. 温言软语先行

在婉拒对方好意时，必须注意说话的语气和态度，温言软语才能避免对方尴尬。在轻松愉快的氛围下交谈，对方更容易接受，关系也不会弄僵。

2. 正面立场跟进

找对方式，委婉表达是铺垫，随后的态度要坚定，理由要正面，具有正能量，对方才更信服，不用自己反复强调，对方自然就会替自己着想。

3. 以诚恳感谢收尾

要诚心诚意地感谢对方，肯定对方帮助自己的善意行为，适当赞美，并再三表示感谢，表示如果时机到了，一定会接受对方的好意，让对方清楚他的好意已被认可。

避开雷区，以免沟通触礁

在人际交往中，一个不经意的动作，一句不经意的话，有可能会对他人造成巨大伤害。所以在日常生活及工作中，待人接物，沟通交流，最好避开他人的敏感区，别让他人下不来台。

某部黄金八点档电视剧中，有个让人印象深刻的情节：女主角和丈夫好心开车送一个有急事的女同事。那个女同事刚打完离婚官司，心情极为糟糕，可女主角没有在意女同事的实际情况，闲聊时随口说了一句："要是你也有个像我老公这样优秀的另一半就方便多了，也不必麻烦别人来接送了。"

车内氛围瞬间十分尴尬，三个人一路无言。回家后女主角的丈夫提醒女主角说话应注意对方感受，然而已经于事无补。从此，那位女同事和女主角渐渐疏远，还产生了后续的嫌隙与纷争。

其实，剧中女主角只是想表达"良禽择良木而栖"的观点，要看清男人再决定是否托付终身，却无疑揭开了女同事心中最深的伤疤，狠狠地撞进了对方的敏感区。帮助他人本是件好事，却变成了友谊破裂的导火索，真是得不偿失。

其实，每个人都有属于自己的"敏感区"，也许是不愿被提起的故人或往事，也许是与自身价值观相违背的人或事物，甚至是信仰或民族禁忌等。

若是在谈话时，不小心触碰到这类话题，就容易造成谈话僵局，甚至出现让对方无法下台的情况，大家都尴尬，自己也找不到台阶下，这不利于人际关系的和谐发展。

有句话叫“忠言逆耳”，意思是虽然说的是令对方受益的话，但让对方感觉不舒服。其实仔细想来便会发现，这些逆耳的忠言，无非是碰到了对方的敏感区罢了。这点从我国春秋时期，弦章和晏子对齐景公的劝谏效果中便可略知一二。

弦章和晏子，同样劝齐景公作为一国之君，不应因酗酒而不理朝政，但他们的谏言内容和方式却大不相同。弦章直截了当，甚至以死相逼，强硬的态度让齐景公觉得君王的威严受到严重挑战，于是弦章的进谏以失败告终。

而晏子则先给足了景公面子，进而通过与昏庸的纣王对比，来凸显齐景公的仁厚，达到委婉劝谏的目的，给了齐景公一个改正错误的台阶，最终收获了较为满意的效果。在君王面前，威严是他的敏感区，避开此区，还是可以达到一定效果的。

在日常的工作、生活中，普通人的沟通交流也要注意敏感区的问题。同学聚会时，许久未见的老同学们都在热烈交谈，讲述各自毕业后的种种经历，气氛非常融洽。身为孤儿的张晓达靠多年努力已成为知名企业的首席执行官，其奋斗历程和取得的成就令同学们赞叹、羡慕不已。

突然，对桌的王大鹏插话：“晓达，你找到你的亲生父母了吗？上学时你一直在找的。”本来热闹的聚会霎时异常安静，张晓达的脸色也变得十分难看。大家都知道找不到亲生父母，一直是张晓达的一块心病，而王大鹏的话正好戳中他的“敏感地带”，结果聚会不欢而散。

事实上，除非是刻意要给对方难堪，让对方下不来台，大多数情况下，人们并非有意去触碰他人的敏感区。人们有时并没有意识到自己说了什么过分的话，对方却生气了，殊不知，这种情况往往就是撞进别人心中的“禁区”了。

然而无意中触碰到他人痛处，在社交中却是较为常见的情况，原因何在，应如何避免呢？

有效控场三要素

1. 避开大众普遍敏感话题

在谈话时，最好避开大众普遍认为的敏感话题，如亲人的生老病死、个人的感情状况，这是绝大部分人的敏感区，只要对方不提，适当避开，就能大大降低触雷风险。

2. 必要时先了解对方基本情况

若是极为重要的场合，在沟通之前适当了解一下对方的基本情况，得到一些有用的信息，也能避免触雷。

3. 注意对方神态是否自然

在说话的同时，要时刻注意对方神态变化。当转换一个新话题时，若发觉对方神色有异，多数情况下，该话题很可能涉及对方的敏感区，不适合继续谈论。

5

赞美之道

——夸人要学会“量体裁衣”

雪中送炭比锦上添花更可贵

在现实生活中，我们常将两种情形相提并论：一种是“雪中送炭”，是指在他人急需帮助时伸出援手，给予物质或精神上实质性的帮助与温暖；另一种是“锦上添花”，通常指在原有成就的基础上进一步完善，使美好的事物更加光彩夺目。

不难发现，“锦上添花”在人际交往中更为常见。在欢庆与成功的场合，适时地表达赞美与祝福，不仅能够营造和谐的氛围，而且被视为一种高情商的社交技巧。

只是，这个世界从来就不缺少成功之后的鲜花与掌声，缺少的是潦倒失意时的援助之手。所以我们要更加珍惜那些当自己在困境中时仍不离不弃的人，所谓日久见人心，患难见真情，雪中送炭永远要比锦上添花更为可贵。

取得成功时，如何面对别人的赞美，也是一种智慧，很多不过是场面上的客套话而已。而当他人陷入低谷时，适度的鼓励往往会收到意想不到的效果。

小名和小江是同桌，一次月考，小名考进了年级前十，老师和同学纷纷对他表示祝贺，夸奖的话语满天飞："小名，你太棒了，简直是我们班的骄傲。""小名，你成绩这么好，今后多给我们传授点经验吧。""小名，准备一份演讲稿，下星期家长会，你作为优秀学生代表发言。"

平时和小名关系不错的小江，此时并没有像其他人那样对小名大肆夸奖，小名也没有放在心上。没想到第二次月考时，小名因为生病发烧，数学考得特别差，整体排名下滑很多，之前一窝蜂夸奖他的同学又涌到"新科状元"的身旁去赞美了。

小名心情很低落，小江见他不开心，安慰他："不用想太多，这次只是因为特殊情况。下次考试，照顾好身体，只要正常发挥，你就可以轻松取得好名次，没有必要为一两次失利而难过嘛，还有下次呢。"

小名听了小江的劝慰，心情好了很多，集中精神努力学习。两人从此相互帮助，携手并进，最后都考出了好成绩。

案例中，小江在小名取得好成绩时，并没有成为众星捧月的一员，而当对方成绩不理想，心情低落时，用贴心的话语鼓励对方，不仅让对方重燃斗志，也让两人间的友情更为牢固，这便是雪中送炭的魅力。

小周大学毕业后进入一家大企业，初入社会的他，无论工作效率、能力，还是处理人情世故的手段，都有些稚嫩，经常做错事。他非常沮丧，觉得工作太累，甚至有种撑不下去的感觉。

主管很快发现他情绪的低迷状态，私下将他叫到办公室。小周战战兢兢，仿佛做了错事的小朋友，主管笑着说：“不要紧张，先坐下，就是找你谈谈心，没有别的事。”

主管给小周倒了一杯水，语气温和地说：“我看你最近工作有些不在状态，每天郁郁寡欢。其实我想跟你说，完全没必要，作为新人来说，你的表现已经非常不错了。我大学刚毕业时，连你的十分之一都比不上。工作经验是要慢慢累积的。你为人踏实肯干，待人也热情有礼貌，今后一定会取得不错的成绩。”

小周受到鼓舞，很快便调整了状态，干劲满满，逐渐融入公司，工作也得心应手了。这位公司主管，正是一个善于运用语言技巧的高手，在下属跌入低谷时能及时发现，并且细心观察对方身上的闪光点，毫不吝啬地赞美，让其重拾信心，将鼓励的效果发挥至最大值。

莉娟晚上下班时间有点晚，她和同事朱迪一起叫了辆出租车。路上堵车耽误了不少时间，司机看起来有些烦躁，到最后总算把两个人送到目的地。莉娟给了车钱，临下车时看着司机说：“大哥，坐你的车非常舒适，辛苦了。”司机愣了愣，脸上的表情柔和了一些，说：“但是今天太堵车了，我还以为你们不满意。”

莉娟摇摇头说：“怎么可能，交通堵塞不是你的错，而且在交通这么混乱的情况下，你还能沉得下心来，把车子开得这么平稳，真的很不错。”司机笑了，很开心的样子：“谢谢，今天遇到了很多糟糕的事情，心情很差。不过你的话让我很开心。”

莉娟几句简短的赞美，让司机收获了好心情，同时还会将这份美好传递给后续乘车的乘客。由此可以看出，看准场合和对象，善用赞美，能够给身边的人带来很多助益，也能让自己因为理解别人，而显得更有修养与气度，何乐而不为呢？

那么，如何才能做到雪中送炭呢？哪些小技巧，有助于让其发挥更大功效呢？

有效控场三要素

1. 选择恰当的时机

不是所有情绪低落的人都需要通过他人的赞美才能重拾信心，因此“雪中送炭式”的赞美也只会出现在恰当的时机，需要“送炭者”看准对方的情绪空当儿，适时用最合适的语言给予最大的鼓励。

2. 使用合适的语言

赞美他人时要使用合适的语言，避免无脑地夸奖和吹捧，特别是“雪中送炭式”赞美时，要注意语言的分寸，有时候简单的几句话便能直抵人心，远比刻意称赞更有效。

3. 赞美要真诚

要让自己的赞美达到“雪中送炭”的效果，就必须基于事实、发自内心，不能为达到某种目的，睁眼说瞎话，油嘴滑舌，阿谀奉承，这样不但不会让对方开心，反倒会让对方反感。所以，真诚才是“必杀技”，它会让你的赞美充满力量！

赞美要真诚可信，社交才有好感度

英国著名作家塞缪尔·约翰逊认为："赞扬，像黄金钻石，只因稀少而有价值。"这种如黄金钻石般稀缺的赞美，无疑是指外界真诚而由衷的赞美，是人们都渴望获得的。

赞美不仅是一种情感表达，更是一种高明的社交策略，它能够巧妙地缩短人与人之间的心理鸿沟，搭建起理解与亲近的桥梁。人类天生就对正面的反馈与认可有着强烈的渴望。被赞美，不仅能让个体感受到自我价值的肯定，还能激发其内在潜能，促进个人成长与人际关系的和谐。

美国钢铁史上的传奇人物查尔斯·史考伯，作为历史上首位年薪突破百万美元的管理精英，其成功秘诀之一便是深谙赞美之道。记者曾问他："为什么你的老板愿意每年支付你超过 100 万美元的薪金，你到底有什么过人之处？"

史考伯回答："我对钢铁懂得并不多，我的最大本事是我能有效鼓舞员工。而鼓舞员工的最好方法，就是真诚的赞美和鼓励。"由此看出赞美的重要性。

在人际交往中，每个人都渴望获得他人的肯定，这是人类满足自尊心及荣誉感的一种心理需求。外界的肯定可以增加自信，使人心情愉悦，人际关系也能得到改善。尤其在意见产生分歧时，倘若能恰当地赞美，有助于缓和矛盾。除此之外，还要看准场合，找准时机，注意说话的分寸，言不过实，有理有据、效果更佳。

有位女士去精品女装店买衣服，看中了一件红色长款风衣，掏出价签看到标价后又犹豫了，明显是感觉衣服太贵了。这时导购员走上前来，微笑着说：“女士，您简直太有眼光了。这款风衣是今年的新款，米兰知名设计师的作品，立体剪裁，一级面料，质量一流，穿着既舒适又凸显气质。”

女士听完导购员的介绍后有些心动，但还是没有拿定主意。导购员看出她的小心思，继续说：“您的皮肤又白又好，穿上这款红色风衣，更能显出好气色。您个子高，适合长款，风衣的修身效果会让您看起来更加端庄秀丽。气质可不是花钱就能买来的，您的气质恰好能撑起这件风衣！它确实有点小贵，但一分钱一分货，咱这是精品店，不胡乱要价，有正品保证，有进口关税证明。”女士听完这番头头是道的讲解，怎能不开心呢？她心甘情愿地刷卡，美滋滋地拎着衣服走出店门，本次购物完美收官。

看得出来，案例中的导购员经验丰富，她能根据顾客的实际情况，找到其与衣服的契合点，然后组织恰当语言表达赞美。无论是赞美顾客，还是赞美衣服，都做到了有理有据、言不过实。

而有些导购员、促销员为实现销售任务，不顾事实睁眼说瞎话，顾客明明穿上矮胖，非说显高显瘦，如此言过其实的夸赞非但达不到好的效果，还会适得其反，让顾客心生厌烦，最后肯定不会买单。

对于赞美，人们的心理大体相似，既希望得到对方高度的认可，又不希望对方虚情假意，过于浮夸。赞美要以真诚之心，对他人予以尊重和肯定，不可为了某种目的，敷衍了事，假惺惺。

一个非常穷困的年轻人，身无分文地来到巴黎，找到父亲的旧友，希望帮自己介绍一份可以糊口的工作。对方问他："数学学得好吗？"他摇摇头。"历史和地理如何？"他又摇摇头。"法律懂得多吗？"他依旧摇头。

"那你先把地址和联系方式留给我吧。你父亲和我是老朋友，我肯定要帮你找份工作。"这个年轻人有些羞愧，匆忙写下联系方式后就要离开。结果对方喊住他，指着他刚刚写的便条说："年轻人，你的字写得非常漂亮，这是你的闪光点，很不错。"

年轻人有些不解："这也是一个优点吗？"对方答："肯定是啊，你把字写得遒劲有力量，今后通过努力，就有很大的希望把文章写好。"年轻人受到鼓励，顿时自信心大增，脚踏实地，笔耕不辍，最终创作了许多优秀著作。这个人就是法国著名作家大仲马。

大仲马父亲的老朋友，作为一个长者，懂得以赞美鼓励年轻人。虽然年轻时期的大仲马看起来一无所长且毫无自信，但他通过细心观察，从实际出发，言不过实地、有理有据地说出鼓励的话语，让大仲马信心倍增，并找到适合自己的努力方向，使世界文坛多了一颗璀璨明珠。

赞美他人，如能把握时机，注意措辞，就能达到化腐朽为神奇的效果，拉近彼此距离，甚至让对生活毫无希望的人重拾信心。

小雅已经进入高三上学期，但她数学这门功课相对较为薄弱，每次都拖后腿，令她心情烦闷，学习也提不起精神。她的学习状态被班主任看在眼里，班主任晚自习时找她到办公室谈心。小雅心想，一定是自己的数学成绩太差，等着自己的多半是一顿劈头盖脸的批评教育。

不料，班主任让她找个椅子先坐下，然后温和地说："我看你最近状态不太好，所以有些担心，就找你谈谈话，不用紧张。我知道你在为自己的数学成绩担忧，但其实事情没有你想象中那么差。你的语文以及文综成绩特别优秀，尤其是英语，你几乎不怎么丢分，这很难得。数学方面，你只要把基础夯实把数学成绩稳住，保持现状不要下滑——当然能够提高更好了，过'一本'线还是非常轻松的。"

小雅听完班主任的分析，心情好了很多，一直以来积压在心头的乌云也散去了。以后，她以乐观的态度努力学习，人变得轻松，她的数学成绩居然提高了。

班主任对小雅的开导，正是成功运用赞美的方法，客观评述她的弱点，不放大，再重点强调她的优点，合乎情理地进行成绩预判，让她重新找到学习方向和动力，提高成绩也就不是难事了。

在日常的交际中，言不过实且有理有据地赞美他人，该如何做呢？

有效控场三要素

1. 赞美忌浮夸

赞美要有的放矢，言不过实，有理有据，不能对他人不具备的品质或能力进行大肆赞美，否则就会变成令人生厌的阿谀奉承。

2. 鼓励忌虚情

鼓励要真诚，不能为了达到某一目的，虚情假意、天南海北地畅想，那样会被对方误当讥讽嘲笑。

3. 言辞忌重复

赞美或鼓励，也需要有一定的新意，不能一直重复他人说过的内容。通过仔细观察，找到对方的闪光点，令对方对自己有正确的评价和定位，从而找到努力的方向，这样赞美才能发挥最佳效果。

虚伪最易败露，真诚才是必杀技

生活中不乏两面三刀、虚情假意的人，他们和别人交流时并非出自真心，总是像隔着一层纱或雾，朦朦胧胧。其实，人与人之间多点真情与实意，比虚假的赞美更容易拉近彼此的关系。

乔雪和史君在一次逛街时，产生了非常大的嫌隙，最终让两个女孩子不再来往。乔雪个子高挑，但皮肤不算白，她选了条看起来跟她并不很搭的红裙。或许因为她很少穿红色，因此她小心翼翼地问史君："怎么样？我穿好不好看？"

史君稍有犹豫，还是说了句："很好看啊，试试吧。"店员以为她是不好意思打击朋友，想让朋友试完后自己发现问题，谁知乔雪从试衣间走出来，一边照镜子一边问史君："怎么样？"

史君却连看也没看一眼，盯着手里的手机随口说："很好，很好，买吧，买吧！"当时店里不少顾客，听到这番对话的人都望着两个看似亲密无间的女孩子，或许大家都在猜测她们到底是不是好朋友。若真是朋友，怎会不真心相待，及时提点，让朋友少花点冤枉钱呢？

乔雪似乎也感受到了微妙的异样氛围，抛下红裙，转身要走。店员看出她的尴尬，立马上前说："美女，红裙子虽然是今年的流行色，但我觉得你更适合高级灰。不妨试一下我们的经典爆款，你身材比例好，还能衬肤色。"

乔雪买了店员推荐的裙子，没再问史君的意见。最后两个人都找了一些前言不搭后语的借口，各自离去了。

很显然，朋友之间相处最忌讳的就是虚情假意，一旦被对方察觉，友情也会土崩瓦解。人与人之间的相处说难不难，说简单也并不简单。也许一句不真诚的话，就会导致友情终结；而真诚之言，极易令人敞开心扉。

案例中史君的态度，让乔雪觉得她在随意敷衍，让她产生了这样的友情不要也罢的情绪。史君发觉乔雪有此想法，自己也就灰心了，两人的友情很难再延续下去。

有人说："实话最易得罪人。"其实，实话往往更真诚，那是只有最亲密的朋友才勇于表达出来的。回味时会蓦然发现，愿意说实话的人，都是愿意与自己真心相对的真朋友。

即使人们都明白，导购员的本意是推销商品，但她们若足够真诚，就会很自然地让人产生购买欲望。如今销售市场繁荣，却竞争激烈，如何使自己的产品脱颖而出，还得看销售员说话的本事。

资深销售员秦雯在跟新员工分享销售经验时说，她刚入这行时，并没找到诀窍，一味地想要将产品推销出去，这种急功近利的做法，效果往往事与愿违。她也想不通为什么付出那么多努力，还是业绩惨淡，甚至萌生转换职业的想法。直到她碰到后来的主管，告诉她销售要领：在与陌生人打交道时需实意，给顾客讲产品时需真心，瞒天过海地忽悠，最不可取。

她为让顾客感受到自己的真情实意，不再用"王婆卖瓜，自卖自夸"的方式，而是巧妙地向顾客讲述产品好坏，直言产品利弊，正因为如此，获得顾客信任，业绩越来越好，成了团队销售骨干。

工作中，尤其是初入职场的新人，不擅长处理人际关系。此时需要学的不是溜须拍马，而是真情实意。比如，当主管征询意见时，一味迎合会给主管留下毫无主见之嫌。若真心替团队着想，提出恰当的建议，不仅可以给领导留下深刻的印象，还能开启一个良好的交友模式。

在他人取得好成绩时，也是展现自己真心的好时机。如果说："哎呀，恭喜你，你真是幸运呀，这么多人，就选中了你，运气真好。"这种说话方式会让人觉得不舒服，这种恭喜也显得诚信不足。若换种方式："果然努力了就会有收获，看来这句话是没错的，看来我们要想达成目标，都得向你学习，一起努力。"

在恭喜他人获得成绩时，也莫要否认他人的努力。没有谁的成功是随随便便得来的，也没有谁是上天的宠儿。只欢欣自己的进步与成功，很少真心诚意为他人喝彩，这样无法交到朋友，其实对他人的成就由衷赞叹，也会得到很多快乐。

虚情假意与真心实意的区别在于日久见人心。时间一长，虚情假意总会露出马脚，真心实意总会被他人认可。当一个人失落伤心时，自己前去真心安慰；当自己郁闷不如意时，他人多半也会前来实意鼓励的。

朋友相交，是互相帮助的过程。如何在与他人说话时，展现自己的真心实意呢？

有效控场三要素

1. 再忙也别敷衍

朋友需要帮助时，切莫敷衍了事，一定要抽出时间与其沟通。若实在忙不开，可以说明情况，并请对方稍等，就不会影响友谊的发展。

2. 再生气也要包容

每个人都有自己的个性与原则，在与他人相处过程中，若产生误会，即使对方说了让自己不舒服的话，再生气也要多多包容，真心对待，多多理解，是人际交往的基本原则。

3. 再亲也莫忘赞美

有些人可能以为亲人之间可以毫无顾忌。其实再亲的人也需要适当赞美，夸奖能让人们更加自信，从而加深亲密度。虚情假意，在任何一种关系中都不会加分。

人心多疑，赞美要真实可信

西方有一句话：“赞美好比空气，人人不能缺少。”哈佛大学藻类学专家斯金诺通过实验得出结论：奖赏和一些行为相联系时，它具有促使某种行为重新出现的趋向。无论对人还是动物，只要发出肯定的鼓励信号，行为必然会得到改善。不过，赞美必须真实，虚假的赞美只会收获尴尬。

在职场上，许多人想要获得晋升，会刻意溜须拍马和老板套近乎。一次年会上，王老板发言过后，小李挤到老板身前一个劲地吹捧：“王总，我刚听了您的讲话，真是受益匪浅。您真是学富五车、博学多识啊。我以后一定要向您学习！”

谁知老板听了以后，不仅不高兴，反而面红耳赤，强压着怒火。这是为什么呢？原来，王总虽然事业有成，但他学历很低，知识文化水平不高，刚才的发言也是照着助理写的稿子背出来的，讲话过程磕磕巴巴。听了小李的话，他心里更不是滋味了，心想这小子是故意讽刺我吧？！

看到此情此景，安安走到老板身边笑着对他说：“王老板，听说您的女儿考上了清华大学，恭喜恭喜啊，她真是太厉害了！”听到安安夸奖自己女儿，老板的表情立刻多云转晴，他笑嘻嘻地回答安安：“是啊，我这个女儿啊，从小就成绩优异，一直是我的骄傲！”

从此案例中可以看出，夸奖一个人，要从实际情况出发，发自心底的赞美才更显真诚，同时对方也更容易接受，不会出现尴尬的局面。

小李想要拍老板马屁，却不考虑实际情况，口是心非的吹捧不仅没有达到讨好老板的目的，反而让老板以为被嘲笑了，自然反感小李。这种不顾实际情况的吹捧负面影响很多，让对方误以为是故意找碴儿，印象分大减不说，还会使自己被认定成一个浮夸不实的人。

而安安从实际情况出发，发自内心地夸赞老板的女儿，不仅真诚多了，还夸到了老板心里。事实上，人人都有辨别真假的能力，发自内心的赞美一般都是有理有据，而非信口胡诌的。

托尔斯泰曾说："称赞不但对人的感情，而且对人的理智也起着很大的作用。"世界上没有一个人不喜欢赞美，它是人际交往中超级好用的润滑剂，所以前人精辟总结："赠人玫瑰，手有余香。"一个擅长赞美他人的人，往往比不擅长的人更受人欢迎，当然工作和生活也顺利得多。

英国著名小说家赫伯特·乔治·韦尔斯，出身于中产阶级家庭。自幼年起，韦尔斯便以顽劣著称，不喜欢学习，在莫利学校的成绩也不尽如人意。14 岁那年，他离开了校园，成为一家布店的学徒。

不过，他的老师马德先生不辞辛劳，经过长时间的努力，说服了韦尔斯重返校园。尽管韦尔斯对学习的热情依旧不高，但马德先生从未放弃对他的期望，坚信这位看似顽劣的学生实则拥有非凡的智慧与潜力。

为了激发韦尔斯的学习兴趣，马德先生巧妙地利用了一次随堂考试。一次历史测试中，韦尔斯需要回答一道历史题，当他说出答案时，同学们都大笑起来。韦尔斯尴尬而紧张地等待着老师的责备，但出乎意料的是，马德先生非但没有批评，反而公开赞扬了韦尔斯的独特视角与深刻理解，这一举动彻底颠覆了韦尔斯的心理预期。

从此，韦尔斯仿佛脱胎换骨，开始勤奋学习。在随后的岁月里，韦尔斯以惊人的毅力与才华完成了多达 77 部著作，在英国乃至世界文学史上留下了浓墨重彩的一笔，成了不可多得的文学巨匠。

人人都知道赞美的意义，但能真正说中他人心坎，达到更好效果的人并不多。发自内心地赞美别人需要真情实意，生活中不缺少美，而是缺少发现美的眼睛，若能欣赏他人之美，自然也能真诚表达赞美。

普通人的美，往往表现在细节之中。通过观察他人，发觉他人之美的素材，就能真诚表达赞美，自然收获友谊也不难。

其实我们身边处处都有值得赞美的人和事，真诚表达，每天保持乐观、正能量的心态，就会让身边人更受益。比如，公司同事穿了件漂亮衣服，真诚地告诉她："你今天这件衣服真漂亮，很适合你。"中午在餐厅吃到的工作餐很美味，就称赞厨师："您的厨艺真棒，午餐很好吃，谢谢。"朋友获得晋升，可以打个电话表示祝贺："恭喜你啊，你的努力得到领导认可，真心为你高兴。"

真诚赞美如果挖掘出新鲜角度，说别人没有说过的话往往有助于获得深厚的友谊。俞伯牙与钟子期高山流水遇知音的故事一直被传为美谈，从语言沟通的角度而言，这正是两个互相契合的灵魂互相欣赏，对对方真心赞美的故事。

在钟子期之前，也有很多人都夸赞过伯牙的琴艺好，可是没有人真正了解他的韵律到底好在哪里，所以，很多人都听过伯牙弹琴，却并没有和他成为知己。

然而，钟子期却能一眼看出俞伯牙的琴是伏羲琴，他的音律之美在于与自然韵律浑然相符。发自内心的感叹，生发出来的赞美，言之有物，更深入伯牙之心了。

今人与古人的情怀又有何异呢？发自内心的赞美，更加真诚可信，既展现对方魅力，也表现自身修养，拉近彼此之间的距离。

真诚夸赞需要根据实际情况有感而发，根据谈话对象看人说话，不要像数学公式那样复制性地夸奖，那没有任何实质性意义，反而显出语言的匮乏。

对于富态的家庭妇女，若形容她“貌美如花、亭亭玉立”，显然不合适，应该说：“您将家庭事务打理得井井有条，真是一位秀外慧中的贤妻良母。”对于身材较矮的女孩，若称她为“高挑美女”并不妥，不如说她是“秀气丽人”。对于工作能力强的领导，赞他“业务水平好”，而不要说他“管人的手段高明”。总之，发自内心赞美一个人，是在发现对方之美后的真实表达，泛泛而谈等于空谈。

有效控场三要素

1. 发现美丽

赞美要自然，要有理有据。情感自然地流露出来，切忌过度夸大事实，过于夸张地表达。要善于发现身边的美，发自内心地赞，观察身边人的细小改变，通过赞美来表现对身边人的关注。

2. 另辟蹊径

另辟蹊径，选择角度。发自内心的赞美也可以有新角度，说别人没有说过的话，发现他人在意的地方，说到他人的心坎里。

3. 说明细节

赞美要落实到具体实处，不可泛泛而谈。发自内心的赞美，如果太空洞，会让人们觉得虚假不真实，结合具体细节来展开，才能赢得人心。

巧用赞美之词“对冲”不良情绪

3M公司A组的员工将重要的资料印错，组长加里森当场大发雷霆，劈头盖脸地怒吼：“这点小事都做不好，你们还能做些什么，做不好就趁早收拾走人！”结果该组员工内心积怨，导致工作效率逐渐低下，出现上下不一心的局面。

B组员工犯错误的时候，组长埃德加心里虽然十分不满，但他在批评之余，也会习惯性地鼓励一下员工：“你们看这工作做的，能不能认真点！下次注意。当然了，这次的项目也有一些可取之处，我相信你们下次一定能做好。”

B组员工受到组长批评时，心里同样很沮丧，不料在最后一刻还听到了组长对自身工作的肯定，感到很惊喜。相比A组，B组员工常常因为得到组长的鼓励和肯定而得到鼓舞，工作遇到挫折也热情不减。

职场中有这样两种领导：一种是当下属犯错的时候，他会义正词严地批评。这种情况下，员工再接触同类事情就会莫名紧张，生怕再次犯错，结果会加强心理暗示，增加错误的发生率。而有些员工还容易在经理人的批评和指责中产生抵触心理，从而大大降低工作效率。

另一种领导看到下属出错时，除了进行批评和指导外，也会给予积极的肯定或鼓励。这种“好鼓励，高效率”的领导方式，是最有效的管理方式。这种方式的结果是员工对领导充满信任和好感，同时又不失敬畏之心，在以后的工作中可以更加自信且努力地工作，甚至成为领导的左右手。

显然第二种领导是更优秀的领导者，其成功的地方就在于他能够克制内心的愤怒，在员工出错的时候，仍能将关注点放在他们取得的成绩上，给他们适当的鼓励，从而激发员工的工作热情，使其工作更卖力。

人们听到对方否定和批评的话语，都有逆反或抵触心理，情绪也会发生一系列变化，他们会反感、生气，甚至愤怒，久而久之对工作厌倦拖延。所以，当别人犯错的时候，不要着急去批评别人，尽可能指出问题所在，并给予鼓励，这样反而可以提高员工的工作效率。

美国著名心理学家威廉·詹姆斯说过："人性中最为根深蒂固的本性就是渴望受到赞赏。"这跟马斯洛的需求理论很相似，人类最高的需求是赢得尊重和实现自身的价值，而赞美恰恰满足了这两点。

晓琳和同事小王素来不和。有一天，她们两个突然和好了。起因是晓琳有一天忍无可忍地对同事李哥说："你能不能告诉王小姐，我真受不了她了，请改改她的坏脾气，否则没有人愿意搭理她！"

李哥并没有把原话转告小王，反而对小王说有好多人称赞她，尤其是晓琳，说她既温柔又善良，人缘佳，如此而已。在此之前，小王心里明白其实很多人对她有意见，她自己也认为自己不会处理人际关系，觉得自己是一个招人厌的人。但听到这番评论后，感觉自己还是可以处理好和同事之间的关系的，从而收敛了自己的坏脾气，同事们也逐渐改变了对她的看法。

在家庭中也存在很多这样的问题。多年的婚姻生活中，丈夫抱怨妻子做的饭菜不可口，吝啬赞美，导致妻子没有热情投注于烹饪上。如果丈夫对妻子做的饭菜，经常给予“很美味”或“让我感到很幸福”等赞美，这样会让妻子想要将更多的美味佳肴放在丈夫的面前。

在学习领域中也会遇到这样的情况。当孩子考试失败时，父母一句“你看看你这都学了些什么，要是不成就别念了，不够丢人的”，孩子就会对学习失去兴趣，甚至逃学、逃课，觉得自己的未来也不会有出息。父母说“没关系，只是一次小小的考试，我相信你是最棒的”，则会让孩子充满动力，克服学习中的种种困难，只为得到父母更多的肯定。

总之，要学着多赞美别人。赞美他人能帮助对方调整情绪，获得一个好的人际关系或一个好的结果。

其实这个技巧很多人都知道，也曾经尝试过，可是在生活中有时反而让情况变得更糟了。人们往往会感到困惑，自己明明是赞美了别人，为什么没有达到效果呢？这说明赞美的方式不对，要么是不够真诚，让人觉得是讽刺；要么是情感不到位，让他人情绪更加不稳定或难以接受……

有效控场三要素

1. 赞美发自真心

态度诚恳，情感真挚。赞美别人要出于真心，赞美的内容是对方确实具有或潜在的优良品质和特点，不要让别人感到你言不由衷或另有所图。

2. 赞美源自热情

赞美别人时，不要用敷衍塞责的态度，赞美不仅可以从大处着眼，更要从小处发挥，这样才能显示你的细心与热诚。缺乏热诚的人是不会注意到小细节的。

3. 赞美也应注意语言

很多时候，我们的想法是好的，想要赞美别人，可话说出口的时候可能就变了味道，所以我们要注意用语的严谨。

6

所谓情商高，就是在恰当的时候“投其所好”

精准捕捉对方反应，细微之处是“操控”关键

察言观色，可窥见人之心理。在与他人沟通过程中，如果懂得察言观色，可以掌握先机，从而事半功倍。

一个人仿佛是一本书，要想窥见其里，必先观其“封面”。而观察“封面”的技巧，相当有学问。一颦一笑，一呼一吸，一言一行，一举一动，都是其心理活动的外在表现，可能其表征有时微乎其微，但绝对有蛛丝马迹可寻。

察言观色，是关注细节，洞察他人心理变化的表现。善于察言观色的人，能够敏锐地捕捉到他人的情绪变化、言语背后的意图，从而更加精准地理解他人的需求和感受。这种对他人的关注和尊重，不仅有助于建立良好的人际关系，还能够促进彼此之间的信任和合作。

交流时，若能了解对方想听什么，就能说出让对方感兴趣的内容。赞美别人，更要说到对方心坎里，对方才能真正受到激励，也不会使谈话内容过于虚伪，尤其在多人现场，才不会显得过于尴尬。

据说，汽车推销大师乔·吉拉德年轻时曾遇到一位影响他推销生涯的女士。那位女士从进店起，眉眼里都透着对购车的渴望，他推断今天一定可以成交，于是热情地向她介绍车辆细节。女士表示对车很满意，其间还跟他说了自己女儿的一些情况，看起来是一场愉快的交流。但女士最后却未付款就走掉了。

他百般不解地打通女士电话，女士说：“你推荐的车很好，你的介绍也很详细，但当我说起女儿考上大学时，你没有表示祝贺，你也不关心她的情况，数次打断我讲述她的情况。要知道这辆车是我买给女儿作为大学贺礼的，你不了解她的需求，怎么可能为我推荐适合她的车呢？”

事实上，在那位女士眼中，他被定位成一个只盯着成交而毫无人情味的销售员，所以才最终放弃了从他这里购车的决定。这番话令乔·吉拉德醍醐灌顶，他真心感谢那位女士如实相告。由此，他开始反思，从此做每一笔生意，他都要看着顾客的脸和动作，认真聆听顾客倾诉，他的销售生涯终于走上巅峰！

有些人或许会将察言观色误认为一种虚伪的行为，认为它违背了真诚待人的基本原则。事实上，真正的察言观色并非倡导人们去伪装自我或盲目迎合他人的喜好，而是一种基于对他人的尊重，培养出的更加细腻与包容的交往态度。它要求我们在人际交往中，不仅要保持真诚，还要具备敏锐的洞察力，去捕捉并理解他人的情绪、需求和立场。

月月是一家连锁花店的小职员，不到一年时间便通过层层考核，当上当地十家分店的总店长。若问她的成功心得，多数归功于她与顾客沟通时，善于察言观色的能力。

曾有一位腼腆的年轻女孩来花店选花，月月向她介绍各种花语：“您要送给什么人呢？因为不同的人，要选不同的花，选错容易造成误会哦。”女孩一开始闭口不答，在月月问到第三次时，她发现女孩羞涩低头，便知道女孩可能有难言之隐。

月月不再直接询问，改为试探：“这些大波斯菊怎么样？花语好，送人很合适，还有好多人因为抗拒不了它的美，买回去送给自己呢。”此时女孩眼睛发亮：“还有人买花送给自己吗？”月月只摆弄花草不看女孩的脸，轻松地回答：“是啊，每天都有。花不一定是用来送人的，也可以只为自己怡情。”果然女孩兴冲冲地买了一大束波斯菊回家。

女孩可能是怕买花给自己，被别人嘲笑没有男朋友，所以才不想说出来，而月月通过察言观色，准确地判断出女孩的心思，用引导的方法向女孩暗示解决办法，也实现了女孩的心愿。

无论销售领域还是其他行业，察言观色都是非常有用的技巧，它是直击人心的途径，可达到事半功倍的效果。

有效控场三要素

1. 关注对方情绪

在与人交流过程中，心思细腻，不要忽略细节，时刻观察对方反应及言行举止，随着对方的情绪变化而调整自己的用词与切入角度。

2. 观察对方衣品

对于初次相见的陌生人，由于不了解其背景，最直观的判断因素来源于对方的衣着品位。观察对方的服饰搭配，可以将对方的个性及生活背景锁定在一定范围内，选择话题切入点就较为容易了。

3. 聆听对方需求

若想说出让对方入耳的好听的话，在与他人沟通时，最有效的办法还是先倾听。用心聆听，就可从对方言谈里得到更多信息，从而分析对方的心理活动。

知己为根，知彼为谋，双向掌控才能稳操胜券

《孙子兵法》有云：知己知彼，百战不殆。沟通也是如此，只有知己知彼，沟通才能顺畅高效。这要求我们与他人交流时，要深入了解对方的内心世界和行为习惯，以便找到与对方交流的恰当方式，从而真正走进对方的内心，得到对方的认同。

沟通交流的过程，经常是一个“情理交融”的过程。假如说话者的表达是为了传达观点，那么倾听者耳中便是观点的交融和理解。但在这个过程中，有一个不可忽视的因素，那便是倾听者的需求。

人是具有思想的动物，倾听者的情感需求是说话者不得不考虑的一个重要因素。

但人们最容易犯的一个错误是，人们往往急于表达自己的观点，而忽略了他人的情感需求。也就是在一场谈话中，说话者明确自己心中所要表达的观点，但在表述时，没有兼顾倾听者的情感诉求，并未及时调整表达方式，导致对话效果事倍功半。

李昆鹏是一家大型企业的经理助理，他刚毕业没多久，干劲十足。平日里，李昆鹏勤勤恳恳，能够很好地完成经理交办的事宜。在一次洽谈会上，经理发现企业会议忘记邀请一位重要客户来参会，于是他当着众人的面严厉批评了李昆鹏的工作失误。

李昆鹏感到十分委屈，因为自己完全是按照经理所列的清单

通知参会人员的，经理自己漏掉重要客户，如今却让自己当众难堪。他十分气愤，脱口而出："清单上的人我都通知了，是您忘记写客户的名字了。"经理欲言又止，没有继续说下去。

自那次会议以后，经理对李昆鹏的坏印象根深蒂固，不再将他作为后备人才培养。或许李昆鹏还在为自己当众被冤枉感到委屈，但是他不明白的是，如果当初自己不急于争辩，而是先思考补救措施，他的境遇也许会与此截然不同。

李昆鹏所犯的错是许多年轻人容易犯的错，因为他们缺乏经验，血气方刚，不能容忍自己被冤枉。因而一旦发现对方说了与自己理解相悖或对自己不利的话，常常火冒三丈，绝不妥协。

李昆鹏或许不会知道，经理在批评他的时候，早就明白是因为自己的疏忽而导致的错误。经理假意指责他工作失误，不过是和他演一场戏，将问题归因为一位新职员的工作疏忽上，这要比将错误归因为会议策划者的轻视怠慢上好千百倍。

如果李昆鹏能够在当时的情境下，明白经理的苦心，或许就不会觉得委屈，而是觉得自己有义务为维护公司客户作一些牺牲。如果他在明了经理的内心感受之后，顺应经理演好这出戏，事后经理也一定会对他刮目相看。

人们常说，情商高的人就像别人"肚子里的蛔虫"，人家还未开口，他就早已明白对方想要说什么了。其实，这不过是一个知己知彼的过程，根据对方的言行，看穿对方心中所想，然后经过大脑迅速处理判断对方想要听到的话是什么，最后说出既符合他人心意，又利于自我表达的内容。

金庸的武侠小说《侠客行》中有一位侠客，名叫石破天。比起他的武功，更加令人佩服的是他在比武过程中对其他对手的尊重，因而在众人争当武功天下第一的江湖里，石破天却有一个好人缘。

石破天深知每一位比武者都想赢的心态，一旦在比武中被自己打败，一定会感到难堪、惭愧……于是，他常常在双方胜负已分的那一刻故意退两步，收回兵刃，然后说一句："阁下剑法精妙，在下佩服得紧。今日难分胜败，就此罢手，大家交个朋友如何？"

其实对方早已明白自己不是他的对手，但他的举动却让对手在众人前不至于难堪，因而石破天在江湖中人缘极好，而且败在他手下的人多是心服口服。石破天正是因为理解对方的情感需求，因而说出那样一句话，其英雄豪气在话语间早已浩然于天地。

沟通交流的艺术，恰恰也在于"情理交融"。所谓"知己"，可以理解为明确自己说话时信息传达的目的，也就是自己说话要符合逻辑、有条有理；所谓"知彼"，可以理解为明确他人的需求，无论是语境需求，还是情感需求，只要有利于一段关系的达成，达到共赢，那么便是"知己知彼"的说话艺术。

既然知己知彼能够让一段对话朝着更好的方向发展，那么该如何做才能做到知己知彼、情理交融呢？

有效控场三要素

1. 说话目的要"知己"

在一段对话中，要时刻明确自己的观点，不被他人的逻辑左右自己的思维，避免头脑混乱的情况出现。以信息传达为目的，坚定自己的观点，并尝试观点的输出。

2. 语言表达要“知彼”

为了达到更好的沟通效果，沟通时，在语言表达上要讲究方法，避免因为触碰了对方的情感底线而导致聊不下去。投其所好，揣摩对方内心所需，然后构思有利于自己，并且他人更容易接受的表达方式与内容。

3. 说话方式要“双赢”

对话的目的是沟通，无论是情感上，还是信息上，都要力争做到双赢，不要因为急于表达自己的观点而置他人情感需求于不顾，也不要因为过于在意他人的情感需求而忘记了自己说话的目的，导致自己思维混乱。

得体措辞是表，彰显素养是里

《话语的力量》中说："生命与死亡的能量，就在你的唇舌之间。有觉知的人说话，就像言语的玫瑰，吐露芬芳，给人以爱，给人以温暖，给人以鼓舞，给人以激励，给人以力量，给人以希望。"

得体的措辞，会如春风化雨一般，滋润人的心田。在沟通交流的过程中，如果我们与举止言辞粗鄙的人交流，就会觉得自己的耳朵受到了污染。而情商高的人则会用得体的话语处理尴尬的场合，既令众人舒服，又能兼顾所有人的体面。

一位黑人出租车司机载着一对白人母子。车里，孩子那天真无邪的好奇心被悄然唤醒，他抬头望向身旁的母亲，用稚嫩的声音提出了一个问题："妈妈，为什么司机叔叔的皮肤颜色和我们的不一样？"母亲听后，用柔和而充满智慧的话语回答："亲爱的孩子，这是因为上天希望我们的世界能够充满多样性和美丽，因此他创造了拥有不同肤色的人们，让我们能够共同编织出这个多彩多姿的世界。"

这句话宛如一缕和煦的春风，不仅温柔地拂过孩子的心间，也悄无声息地拨动了司机内心深处的琴弦。到达目的地后，黑人司机坚决不收这对母子的车费，他说："我也问过母亲同样的问题，如果那时我能有幸听到如您这般用爱、理解与包容编织的答案，或许我的人生轨迹早已转变……”

语言的力量不可小觑，说出的话是否得体恰当，可以显示出一个人的内涵与修养。

出于本能反应，大多数人在遇到问题的时候，可能会情绪至上，不管不顾地口不择言。可是，一味咒骂宣泄不仅不利于问题的解决，甚至可能会激化矛盾、加剧冲突。唯有先平复情绪，冷静下来，选择用得体的语言进行有效的沟通才是解决之道。

语言是交流工具，懂得说话之道，在处理好人际关系的同时，可赢得更多的朋友与发展机会。说话留有余地，是说话之道的重要原则，不要等到话已经说错，陷于难堪境地，才想着去补救。那样很难补救，因为说出去的话，跟泼出去的水没什么两样。覆水难收的道理正是如此。

美国前总统富兰克林在成为总统后，曾这样自我约束：他所说的话，竭力避免直接触及或伤害别人的情感，甚至他不会使用“当然”“一定”等词，而是用“也许”“我想”来代替。

作为一位总统，他深知自己的一言一行不仅代表自己，也代表国家尊严，无论何时何地，他的发言都会成为公众关注焦点。因此他践行着自我约束的讲话准则。这并不是说作为普通人就可以胡言乱语、无所顾忌。

说话不是简简单单的事情，也不是将自己所知道的内容简单组合就能脱口而出。有些人云里雾里说了很多，但让人莫名其妙，不知所云。有些人则四两拨千斤，一语中的，直击要害，清楚让对方听懂所言何意。

日常生活中，讲话内容啰唆不见得无法沟通，但公众场合若还是絮絮叨叨，毫无条理，就会被打上“逻辑性差”的标签。如果再吐字不清，问题就更严重了。所以，讲话时，言简意赅，言之有物，才能吸引他人，至少别人爱听、愿意听，千万不要让自己成为“话痨”。

有效控场三要素

1. 了解对方真实诉求

弄清楚对方的真实诉求，交谈的最终目的是实现有效沟通，只有了解对方需求，知道对方想听什么，有的放矢地提出主张，才能打动人心。答非所问，容易惹来对方反感。

2. 确定端正的立场

在不利己的事态中，不可过于情绪化，简单粗暴地用大嗓门宣泄情绪，只会使人避而远之，无异于雪上加霜。冷静反思，给自己确定一个端正的立场，并持续维护该立场，保持前后一致，才能让人信服。

3. 凝练语言，简练表达

尽可能用简短的语言表达核心主张，这样更具有说服力，同时更容易被人记住。语言可以传递的信息量很大，人们每天醒来就被各种信息包围，祥林嫂似的喋喋不休，真正的意愿与诉求反而会被忽视，得不到真正的效果。

用“善意的谎言”经营人际关系

善意的谎言，是指人们出于维护他人的利益或需求，如为了避免伤害对方的感情或为了达到安慰与鼓励的目的，而说的一些与事实不符的话。

人们从小就被教导“说话要真诚，不要撒谎”。说谎通常被视为不良的品行，因此一个谎话连篇的人，很难交到朋友。可是在人际交往中，人们又免不了说些“善意的谎言”，既然是谎言，又如何分善恶呢？

事实上，这个问题需要根据实际情况进行分析。虽然表面上都是有意将不实的信息或虚假的陈述传达给他人，以误导对方，但善意的谎言，并不是为了“利己”，而是为了“利他”。

海蓉是个柔弱的女孩儿，但她却带瘤生活了7年。在她身患绝症的7年里，她每一天都活得很开心，她珍惜生命的每一天。这一切还要从父母“善意的谎言”说起。

海蓉20岁的时候，被诊断出恶性肿瘤。医生告诉她的父母，她也许只能活一年。这个预判就像晴天霹雳，让父母泣不成声。花样年纪的女儿要遭受这样的打击，怎么不让人肝肠寸断？

此时父母作了一个大家都能理解的决定，她们告诉海蓉：“乖女儿，你的病虽然很重，但只要你积极配合医生治疗，很快就能痊愈的。”海蓉因为心怀希望，每天都认真接受治疗，与父母一起期盼自己的病情好转，终于通过积极治疗，癌细胞得到控制，她又能像从前一样快乐地享受大学时光。

一晃就是 7 年，父母在海蓉出院后的两年里，一直都担心她的病会复发，可看着女儿从大学走进社会，又找到了心仪的工作，父母觉得十分欣慰。在无形之中，海蓉做了自己的英雄，而她的父母是默默支撑她的英雄。

父母知道海蓉很坚强，但无论是谁，面对可怕的病情时，都会生出恐惧。她若知道真相，势必忧恐、悲伤，进而影响治疗。所以父母对她隐瞒了医生的诊断，她不知道真实病情，因而保持乐观的心态，对病情痊愈起到了积极的作用。

也许海蓉早已知道实情，只是不想让父母担心，一家人在彼此“善意的谎言”中感受亲情的温暖，这也是促进她恢复的动因。

面对人们无法改变的天灾人祸时，善意的谎言就像暗夜里的一丝光亮，它给人们一个美好的幻象，让人们不至于在痛苦里煎熬，而是怀着希冀，坦然面对生活与生命逆境。而在人际交往中，“善意的谎言”更能彰显它的作用，让语言成为一味安抚剂。

雨果和巴尔扎克曾是很好的朋友，他们都是文坛中耀眼的明星，两人都十分珍视这段友谊。有一天，巴尔扎克去雨果家做客，当他踏进雨果的豪宅时，心中十分震惊，他不知道雨果的家中竟然有这么多宝贝。他边走边参观，一不留神将雨果书桌上的笔筒碰到了地上，摔碎了。巴尔扎克不由得紧张起来，他心想：这么精致的笔筒一定是雨果十分喜爱的物品吧？如今自己将它摔碎了，真不知如何是好。

这时，雨果走了进来，巴尔扎克连连道歉，雨果却笑了。他告诉巴尔扎克：“这个笔筒不过是普通木制品，自己早就想换掉了，不过一时没选到合适的，才继续用着。”听了雨果的解释，巴尔扎克轻松了。

事实上，这个笔筒是一件价格不菲的古董，雨果十分喜爱。以至于巴尔扎克离开后，雨果亲自将笔筒的碎片拾起，小心翼翼地黏合起来。雨果之所以对巴尔扎克说假话，是不想让好友因为一个笔筒而尴尬，更不想让巴尔扎克因为摔碎了笔筒而对自己心有歉意。

作为一位伟大的文学大师，雨果的品德甚是高尚，他通过一个“善意的谎言”让巴尔扎克避免了尴尬，也让一段珍贵的友谊得以延续。一句话的力量，竟然可以如此之大。

“善意的谎言”最终的目的都是“利他”的。说话者通过对语言和语境的把控，使得气氛变得更加缓和，使听者放心坦然，那么，这样一个利人利己的谎言，又何乐而不为呢！

说“善意的谎言”，是出于善良的本心，如果一个“善意的谎言”能对听者有益，很有可能会稳定一段感情，创造一个奇迹。那么，如何说“善意的谎言”呢？

有效控场三要素

1. 起始的善良心

谎言的善恶区分，在于说之前，一定要怀着一份真诚友善的心，而不是为自己的错误言行找借口。

2. 结果的利他性

说话者的善良是自身的主观标准，但一个“善意的谎言”是否能够真正有利于听者，需要根据实际情况和最终的结果来判定。因此，如果一个人自认为说的是“善意的谎言”，但结果不但没有让事情向好的方向发展，而且结果变得更坏了，那么这就不是一个“善意的谎言”。

3. 理由的可信度

说“善意的谎言”时，想要让听者相信自己的表述而不起疑心，自然的表达是必不可少的。在讲出“善意的谎言”之前，首先要说服自己相信它就是事实，这样在向听者表达时，才更具有说服力。

倾听是决定沟通成败的杠杆

在日常沟通与交流中，多数人容易忽视认真倾听别人说话的重要性。认真聆听别人的话，不仅展示了对他人的尊重，也减少了沟通时的误会。

对于倾听的重要性，苏格拉底曾经有这样精辟的叙述：“上天赐给每个人两只耳朵，一双眼睛，而只有一张嘴巴，就是告诉人们多听多看，少说话。”

高颖在职场上遭遇挫折，老板的批评让她心情沉重、满心委屈。于是，她向朋友倾诉，渴望得到理解和安慰。然而，这位自诩口才了得的朋友，在高颖还未讲述完情况时，便急不可耐地打断她，一连串的建议如潮水般涌来，让高颖感到既困惑又无奈。最终，她苦笑着摇头回应：“这些道理，我何尝不懂？但理论与实践之间，往往差了十万八千里。我来找你并不是想听道理，而是渴望一个能耐心听我倾诉的朋友。”朋友意识到自己没有顾及高颖的情绪需求，不由得脸红了。

在生活中我们会发现，那些受大家欢迎的人，并非滔滔不绝的演说家，而是能够静下心来，倾听他人心声的人。

善于倾听，是一种无声却强大的力量。在倾听的过程中，我们给予对方的是尊重、理解和支持，这种无声的鼓励，往往能激发对方更深层次的自我表达。

美国有位著名主持人在主持一档节目时，采访一个小男孩："假如你是飞行员，在太平洋上空燃油耗尽了该怎么办？"小男孩说："我会告诉我的乘客系好安全带，然后我系好降落伞跳出去……"

没等孩子说完，观众和主持人都出现异样的表情，有些人以为这是一个自私的小男孩。没想到小男孩接着说："我跳下去拿燃料，然后马上回来救大家。"现场气氛一度沉默，可能观众因自己的错误揣度而尴尬吧。

听他人把话讲完，是起码的修养。有些人之所以会打断别人，是因为自以为懂得别人的心思，但是每个人的认知并不同，谁也不能保证自己知道的一定比别人多，只有认真倾听才会避免误解他人，也更容易收获友谊。

温德尔·霍姆兹曾说："说是属于知识的范畴，而听是智慧的特权。""喜欢说，却不耐心听"，是大多数人的通病。掌握倾听的艺术，其影响贯穿于我们的日常生活与职业生涯，有助于形成良好的人际关系。

当我们与人交谈时，认真倾听，这不仅仅是一种社交礼仪，更表现出对对方个体价值的尊重。在倾听的过程中，对方的言语模式、语调起伏乃至词汇选择，这些细节像是一面镜子，映照出其独特的性格特质与情感色彩，从而指导我们调整自己的交流方式，以更加契合对方风格的姿态与之进行互动。

在倾听的过程中，我们可以展现自己的理解、共情与包容能力，这些都有助于提升我们的社交控场能力。

在营销界，乔·吉拉德无疑是一颗耀眼的营销之星，他被誉为当代最伟大的推销员之一。在他的职业生涯中，有一段经历如同灯塔般照亮了他的前行之路，让他铭记终生。

那天，乔·吉拉德像往常一样与客户洽谈，就在即将签约时，客户却突然改变了主意。

面对这突如其来的变故，乔·吉拉德没有抱怨或放弃，他亲自登门拜访。在坦诚的交流中，客户向他说明了原因。原来，客户在分享关于其独子的骄傲与梦想时，乔·吉拉德不仅分神，还不恰当地接听电话。这一失礼行为深深触痛了客户的敏感神经，导致了最终的反转。

这次教训如同一记重锤，让他从中领悟到，倾听不仅仅是耳朵在工作，更是心灵的交流与共鸣。他开始反思并调整自己的销售策略，将倾听置于前所未有的高度。在此后每一次与客户的接触中，他都耐心倾听对方的谈话，无论话题是否与交易直接相关，他都给予同等的重视与尊重。这份对倾听的执着与坚持，不仅赢得了客户的信任与尊重，也为他带来了意想不到的成功。最终，乔·吉拉德凭借着超凡的倾听能力与不懈的努力，攀登上了推销艺术的巅峰，成为世人瞩目的推销大师。

由此可见，无论何时，倾听都是人际交往中不可缺少的重要环节。很多误会的产生，也是因为没有认真倾听，只是根据自己的臆想去揣测，甚至将对方朝着恶意的方向想。相反，善于倾听者，则很少出现这样的失误。

懂得倾听，沟通才会高效。善于倾听的人往往情商较高，不仅容易结交朋友，也容易成为团队的核心。商代开国君主成汤对大臣伊尹说："我听说，人到了水边，以水为镜，就能看到自己的模样；政治家只要看看民众，就能知道，政事是成功还是失败了。"伊尹答："这说法英明，能听取各方意见，才能不断完善治国之道。”

倾听，需要专注，先听懂别人表达的意思，再阐述自己的观点，才能获得更多的认同。正如子期倾听伯牙之高山流水，才会有知音难觅的相见恨晚，因此才有流传千古的知音之情。

那么，怎样才能更好地倾听呢？

有效控场三要素

1. 礼貌专注，积极反馈

倾听时要直视对方双眼，多用微表情，点头或称赞，并用“说得对，没错”等话语多加引导，让对方知道自己对他的谈话内容感兴趣，对方越开心就越容易敞开心扉。

2. 将心比心，营造氛围

倾听时要站在对方的角度看问题，才能听到对方的真正心声。要理解对方所表达的意思，并做出正向反馈，从而营造良好的沟通氛围。

3. 不要打断或转移话题

在倾听过程中，不管对方谈论的内容多么平淡无聊，都要耐心听完，不要试图打断谈话或转移话题。若迫不得已必须中途离开，要道歉并解释原因，避免给对方留下自己不想听下去的错误印象。

引而不发，以含蓄言语顾全他人立场

尊重他人是内在修养的表现，在沟通交流中，如果遇到尴尬场面，巧妙使用暗示性语言，可以给对方一个下得了台的阶梯，这正是一个人良好修养的表现。

有一企业的老板，聘请了一位年轻漂亮的女秘书协助他工作，可是这位秘书让他非常失望。虽然她能力不错，而且长得很漂亮，但是在工作中总是错漏百出。

一次，老板要在几天后招待一个非常重要的客人，于是让女秘书做好备忘录，并要求女秘书帮他在一家非常火爆的餐厅预订一个位置。女秘书当时正忙着别的事情，口头答应完这件事后，转身就忘诸脑后了。到了宴请客人的那天，秘书才想起自己忘记预订，幸好老板认识餐厅老板，一番协调后得到了一个包厢，才顺利地接待了客户。但是，他意识到再这样下去可能会给公司造成更大的损失。

第二天，老板到了办公室，发现秘书穿了一件很漂亮的衣服，他便开始夸奖她的穿着。女秘书听了简直受宠若惊，要知道老板一般很少夸人，而且她昨天刚刚犯了错误。接着，老板话锋一转，说道："我相信你会把工作做得像你今天的穿着一样漂亮。"

女秘书听完后十分羞愧，也很感激老板没有辞退她。在以后的工作中，她打起了十二分精神，再也没有出现差错。

很多时候，人们会面临抉择困境。例如别人犯了错误，自己却不好意思说。此时，大部分人为了顾全对方的脸面会选择笑而不语，或者僵在原地。其实，在这样的两难时刻试试含蓄的暗示之法，或许会收到意想不到的效果。

一次，著名作家冯骥才的一位美国朋友带着自己的儿子来到他家中拜访。那个孩子又高又大，正值青春活泼的年纪，像一只小猴一样上蹿下跳，一刻也停不下来，十分吵闹。

秉持温和宽容的待客观念，冯骥才虽然不喜欢这个孩子的举动，但什么都没说。谁知道这个孩子越发不安分起来，竟然打开了冯骥才卧室的房门，径直爬到了他的床上，直接把床当作了蹦床，一蹦三尺高。

面对这样的情景，哪怕冯骥才脾气再好也无法忍受了。但他并没有发火，而是用开玩笑的语气对美国孩子的父亲说："还是请你的儿子回到地球上来吧！"

冯骥才知道，如果自己直截了当地、带着情绪地说出自己的真实想法，那位纵容熊孩子吵闹的美国父亲未必会理解，所以他选择了开玩笑的方式，委婉地表达出了自己的观点。果然，美国朋友哈哈大笑，对冯骥才说："好的，我知道了。"他马上阻止了自己的孩子。

在沟通交流过程中，含蓄地表达自己的想法无疑是对谈话对象的尊重。暗示，就是在保全他人自尊的同时，将自己的想法神不知鬼不觉地传递出去的有效方式。通过间接地输出信息，对方也能够读懂你的真实想法，也就更愿意与你沟通——因为你已经让对方获得了足够的尊重。

谢丽丽刚刚师专毕业，在县里一所中心小学教语文课，同时兼任二年级二班的班主任，一次家长会上，她收到学生家长对数学课刘老师的投诉，表示她讲课太快，不顾及学生的接受能力。谢丽丽生怕继续下去，学生成绩受到影响，想找刘老师谈谈，奈何对方是学校德高望重的长者，另外，刘老师爱面子是尽人皆知的事情。

谢丽丽经过慎重考虑，没有选择直接跟刘老师谈，却也愉快地解决了此事。原来，她借机跟刘老师闲聊，故意抱怨："您看看现在这些孩子，昨天才教过的字，今天早上一默写，没有几个写对的！"刘老师安慰："你不能太心急，学生太小，要慢慢引导。"

谢丽丽马上眉开眼笑："那刘老师你上课用什么速度啊？我向你学习学习！"此时刘老师突然脸一红，一副底气不足的样子，说："我的备课本忘带了，明天再给你参考。"第二天谢丽丽便收到了刘老师的备课本，刘老师也随即表示自己会放慢讲课速度。就这样，谢丽丽轻松地让自己对刘老师的关心成为一种自然合理的行为，不会使刘老师感觉唐突，反而使其开心接受。

若是谢丽丽直言直语，不讲方法，对刘老师提出要求，想必以刘老师爱面子的个性，定会反感，即使学生听课问题解决了，她们的个人关系也会越来越僵。所以，不管是在什么情况下，首先以尊重别人为基础，多用暗示的说话技巧是有好处的。

生活中，有时候会出现这样的情况，明明给对方暗示了，可对方并没有意识到，问题依然没有解决。这时就要考虑暗示方式是否正确。对不同的人，我们需要使用不同的方法进行暗示。

有效控场三要素

1. 不要直接说破

暗示需要找对方法，语言需要能够让他人明白，又不说破，点到为止。

2. 参考对方个性

性格粗犷的人，暗示要更明确些；对敏感的人，可以委婉些。只有找对方法，才不会白费苦心！

3. 巧抓恰当机遇

暗示时必须抓住合适的机会，再保持认真且诚恳的态度，只有这样，别人才不会反感。

学会打圆场，矛盾好收场

在说话时，帮别人打“圆场”，就是帮助别人解围，给处于窘境的人留一个面子，给别人当众可以下来的台阶。

有个人跟着理发师学理发，半年后出徒，而后正式上岗。这天，他迎来了自己的第一位顾客。他给顾客理完发后，听顾客照着镜子说：“头发留得有些长啊！”徒弟不知道怎么回答，师傅在一旁急忙笑着解释道：“头发留得长一些显得您含蓄，这叫藏而不露，与您的身份非常契合。”顾客一听，高兴地点点头，满意地离开了。

徒弟给第二位顾客理完发后，顾客照了照镜子，说道：“头发剪得太短了啊！”徒弟又不知道怎么回答了。师傅则笑着解释道：“剪了短发显得您精神，别人更愿意亲近你。”顾客很满意，高兴地离开了。

徒弟给第三位顾客理完发后，顾客一边付钱一边嘀咕着：“剪个头非要花那么长时间吗？”徒弟还是不知道怎么回答。师傅立刻笑脸相迎，解释道：“为‘首脑’多花点时间是值得的。想必您听过‘进门苍头秀士，出门白面书生！’这句话吧？”顾客听完，大笑着出了门。

徒弟给第四位顾客理完发后，顾客抱怨连连：“怎么？只剪了 20 分钟就完事了？”徒弟手足无措，这时师傅再次接话道：“眼下，时间就是金钱，‘顶上功夫’适宜速战速决，这不就为您赢得了宝贵时间吗，何乐而不为？”顾客点头称赞，满意地离开了。

显然，故事中这位理发师可谓妙语连珠，他巧妙地将原本可能出现的尴尬场面轻松化解，为徒弟打了圆场，也让顾客十分满意，这是“双赢”。

在人际交往中，打圆场是一项不可忽视的技能，练就这样的本领，总是可以轻松化解尴尬，避免麻烦。特别是在人多的场合，利用打圆场的技能会让整个场面更显和谐，达到控场的目的。

一个有着千余员工的大型公司，举办了一个提高业务水平的学习班，请来一位在“成功学”上非常有建树的陈老师来讲课，齐梁作为临时助理，深感责任重大。一天的课程下来，效果极好，博得无数喝彩和掌声。课程尾声是互动环节，大家都觉得获益良多，出于急于求知的原因，提出的问题深奥尖锐，陈老师很难在短时间内答复清楚。

一开始，陈老师还能轻松应对，慢慢地说话的力气越来越小，显得很疲惫，齐梁及时发现了，站起身说：“老师这次不顾路途遥远，舟车劳顿，下了飞机都没休息，就直奔公司了。大家也都知道演讲是件很辛苦的事情，累嗓子，费体力，虽然大家热情高涨，但我希望能够让老师休息一下，提问的环节就到这里吧。我们欢迎陈老师下期给我们带来更精彩的演讲好不好！”

台下众人虽然小有遗憾，但齐声喊道：“好！好！”齐梁又引领大家一起鼓掌。在员工陆续退场后，他又及时为陈老师端来一杯茶水，轻声说：“员工们，包括我自己，能听到陈老师的演讲，实在太激动了，大家求知欲强烈，热情高涨，若不是您讲了一天课，嗓子需要休息，体力也需要恢复，真不希望结束呢！”

齐梁机智地帮陈老师打了“圆场”，对于陈老师而言，当然是一次非常愉快的演讲经历。所以，在生活中也好，在职场上也罢，能够做到的时候，不妨为别人打打“圆场”，留住情面，维护场面，何乐而不为？

生活中谁都难免会遇到难堪的时候，而帮别人打“圆场”的方式有很多，最常见的是帮助正在吵架的人调节气氛，但需讲究方法和技巧，什么时候站出来，站出来之后又该说些什么话，是打“圆场”的关键。

刘敏走进一个商场，正准备挑选衣服时，看到一对相互指责的小夫妻，导购员一脸尴尬地站在一旁，不知道说什么好。原来女人责骂男人，只顾着看手机，都没仔细看她就说好看，认为男人不关心她。男人一再让她小声一点，他嫌在公共场所吵架太丢人。

这时，刘敏走上前，摸了摸女人试穿的衣服，表现出非常满意的样子，大声跟导购员喊：“这衣服真不错，给我找件试试。”导购员立即像是醍醐灌顶似的，一边给刘敏找衣服，一边大声讲这件衣服的好处。

这时刘敏拉过女人的手，幽默地说：“这衣服你穿起来太好看了，不用仔细看，一眼就能看出来，你穿着合适！咱们身材和肤色差不多，你看看我穿的效果，再骂你老公也不迟！”女人听到有人夸赞自己，露出了笑脸，男人也松了一口气，导购员看起来也无比轻松。

两人付了购衣款，便甜蜜地拉手回家了。导购员试探着问刘敏：“那……您这件衣服还要试吗？”刘敏笑：“如果我说我根本没想买，你会不会生气！”导购员：“如果换作别的情况，我可能会生气，但今天我要感谢你，怎么可能生气呢？不过你要买，我给你八折！”

所以说，为别人打“圆场”，是一件助人为乐的好事，不仅帮助别人解围，自己也会被人感激，被人尊重。

有效控场三要素

1. 了解事件起因和问题的矛盾

在帮助别人打“圆场”之前，必须了解事件起因，了解是什么引起矛盾而造成难堪的，才能找到准确的言辞，来化解矛盾和尴尬。

2. 轻松的语气和幽默的态度最重要

打“圆场”的时候，应用轻松的语气、诚恳的态度、幽默的表达，要与场合相符，与身份相符，否则严肃紧张的表现会让人更加尴尬。只有这样才不会显得突兀，真正打好一个“圆场”。

3. 以善良为出发点，不要太刻意

打圆场应该找好准确时机，并使用恰当的语言，同时要以善良的出发点为基础，不能有自私的想法，要求他人回报，同时不要做得太刻意，否则会给别人留下溜须拍马的不良印象。

7

远离“毒舌社交”
——良好的人际关系不允许你口无遮拦

成年人，没有“童言无忌”的免死牌

人类多半是用对话形式进行面对面沟通的，可见会说话、说好话的重要性，然而讲话内容里有良言，也有恶语，在人际交往中人们尽量避免的“恶语”，就被称为忌语。若口无遮拦、毫无顾忌地说出恶语，轻者让人反感不快，重者伤人伤己。

比如，对跛脚老人不用“腿瘸”而用“腿脚不利索”；对耳聋的人不用“聋子”而用“耳背”；对体型胖的女孩不用“胖子”而用“可爱”；对失去丈夫的女人表达关怀之意，最好不要张口闭口说“寡妇”，可以适当用“独居”等词语。

周末单位聚餐，大家围在一个圆桌旁，气氛热烈融洽。小冰平时性格外向，特别爱说话，此时打开话匣子：“今天这个聚会的地点离我住的地方有点远，走到公交站，人太多没有挤上去，我

于是骑了辆小黄车，结果半路上车子坏了，我看时间快来不及了，一路上跑过来的，速度都可以赶上百米冲刺了……”

她还没有说完，旁边同事就给她使眼色，她才猛然反应过来，公司有个新同事曾是体校短跑运动员，不幸遭遇车祸断了一条腿，年纪轻轻就结束了运动员生涯，来到他们公司做档案管理员，她一听别人说跑跑跳跳的事情就伤心得掉眼泪。小冰赶紧道歉，新同事也表示没关系，但以后她们的关系总是显得不那么自然。

小冰正是不分场合、不看对象，想到什么就说什么，完全不考虑哪些话能说，哪些话不应该说。一般这种人都没有什么坏心眼，只是神经大条，没意识到忌语的重要性，虽然道歉并且取得了表面上的谅解，但估计很难改变在对方心中的坏印象，以后相处也尴尬。

浩明第一次到未来岳父家里吃饭，自我感觉表现不错，女友一家对他印象都很好，他顿时有些飘飘然，说起话来，就不怎么经过大脑了。老丈人问他工作心得，他侃侃而谈：“对待领导，除了要认真努力工作，还要学会左右逢源，之前领导的小侄女过生日，我就给她买了个钟表，那个钟表特别贵，是我托朋友在国外买的，领导也是个识货的人，后来在公司经常照顾我。”

晚上回去之后，他接到女友怒气冲冲的电话：“你今天说的都是什么话，我爸妈现在很生气，我都不知道该怎么说你了！”浩明一头雾水：“怎么了？我感觉今天表现得很不错啊，你爸妈看起来都挺喜欢我的。”

“你开始还挺好，但是后面你为什么要说送钟表的事，尤其是今晚我爷爷也在，他最近身体一直不好，三天两头往医院跑，家里人都担心得要命，你还一直在那说送终！”浩明这才反应过来，顿时懊恼不已，但是事情已经发生了，在老人心里已经留下了不会说话的坏印象。

在老年人面前，千万不要提“送钟”这个词，因为通常在人们看来，“送钟”和“送终”是谐音，也是日常生活中的一个讲话忌语。遇到那些不怎么在乎的人，顶多心里不开心，但要遇到较真的人，估计要闹出大矛盾。

浩明第一次到老丈人家里，当着女朋友爷爷的面，多次说“送钟表”，实在是太不明智了，轻则给对方留下不好的印象，重则男女朋友的关系就此破裂，若浩明女友家人都反对浩明，他想娶到女友，恐怕还得花更多心思了。

所以，千万不能小看忌语，在平时的生活和工作中，也要多积累一些忌语方面的知识，避免关键场合说错话，这样人生道路才能走得更加顺畅一些。

暑假小伟带爸妈一起出去度假。湖光山色，保留了原始的风光，还有不少小船，供游客观赏风景。小伟雇用了一个船家，想带爸妈一起泛舟湖上。

船家技术不错，船平稳地在湖中前行，小伟百无聊赖地翻手机，兴奋地说道，“太好了，股市变动，我翻盘有望，这次要是能多捞点钱，我就带你们去丽江玩，要是能翻得再狠一些，我就带你们去国外旅游。前段时间股市沉得太厉害，我亏的钱到现在还没有捞上来。”

船家有些不高兴，小伟父亲忍不住了，怒气冲冲道：“我们坐船在湖中央，你别张口闭口翻啊、沉啊、捞啊，听得我心慌，好在你是在我和你妈面前说，你要是当着不熟的人说，人家早就开口骂你了。”小伟自知理亏，张了张嘴，也没敢反驳。

坐船时人们都希望安全抵港，翻船、沉船以及打捞这些词就是忌语，很多人都忌讳，不出事还好，万一出了事，肯定脏水都泼到那个口无遮拦的人身上。父亲生活经验丰富，能及时提醒小伟，但我们并不一定时时刻刻都在父母身边，所以自己要懂得忌语，并注意不要去说。

《菜根谭》中说：“使人有面前之誉，不若使其无背后之毁；使人有乍交之欢，不若使其无久处之厌。”意思是说，一个人与他人交往时，说话做事要把握分寸，不要随意调侃、评价别人。只有这样，才能在初见面时获得他人的好感，长久相处之后感情加深，而不是被人厌恶。口无遮拦和直言不讳是沟通的大忌，务必格外注意。

在社交中，真正的高情商者从不会把口无遮拦当成“直爽”，肆意调侃、揶揄他人。虽说开门见山、直截了当让人觉得你是个爽快人，但也要掌握尺度和分寸，别一味地标榜心直口快，觉得这样才会让人觉得你是个实在人，不会阿谀逢迎。殊不知，说者无心，听者有意，说不定哪句话就戳痛了别人。

会说话的人，既能够用恰当的幽默给人快乐，又能够照顾别人的感受，不会损害对方的面子。和这样的人相处，你会觉得快乐。在这种快乐情绪的带动下，聊天氛围就会变得愈来愈好，别人也会越来越喜欢你。长此以往，你的交际圈子就会不断扩展。

有效控场三要素

1. 多听多看多积累

只有平时多听多看，注意积累哪些是忌语，才能够在谈话时很好地规避掉，否则脑子里根本不存在忌语这个概念，也不知道哪些词语是忌语，明明得罪别人了，恐怕还会蒙在鼓里。

2. 回避对方的缺失

仔细观察聊天对象，尽可能多地了解对方，对于模棱两可的方面，不轻易乱说。在和不同的人聊天时，忌语禁忌也有区别，比如，一个人曾遇重大车祸，最好不要在他面前聊有关交通事故的事情。一个人双亲去世，就不要在他面前大谈特谈自己父母给予的爱。能够注意到这点，会给自己和他人带来诸多好处。

3. 不说扫兴的言辞

分得清聊天场合，不一样的场合，忌语侧重点也不一样。比如，参加婚宴，“分离”是忌语；参加白事，“恭喜”是忌语；参加寿筵就说“长命百岁，松鹤延年”。这样才会给别人留下好的印象，人生路上也会少些磕磕碰碰的麻烦事儿。

随便不可随意，身份不可降低

“随便”这两个字，是人们非常热衷的一个词语，不论对方询问他有什么意见还是什么想法，这些人的第一反应都是以“随便”两个字回应，除非对方深入追问，否则绝对不多说半个字。

事实上，这些人并非没有自己的意见，只是出于各种原因而不愿直接表达心中所想。有的人担心被对方看成个性斤斤计较的人，有的人害怕自己意见不成熟被当成幼稚的人，有的人就是那种随波逐流、不会提意见的人。

不管出于哪种心理，那些张口闭口爱说“随便”的人，不见得就能赢来别人对他们的真正认可，反而还会被认为不尊重他人。人与人的交流是双向信息反馈的过程，对于别人发出的语言信号，只用“随便”两个字回应，在多数情况下属于无效的信息反馈，等于一次无效的交流。

时间对每个人来说都是弥足珍贵的，没人愿意次次都为了无效交流付出时间和精力。爱说“随便”，一是不尊重他人，二是显得自己没有主见，让对方感觉继续深入交流是浪费生命，同时是说者贬低自我价值的表现。

多数时候，人们对于另外一个人的价值判断，主要依据该人在交流中所展现的专业知识和认真态度，如果没有专业知识，态度认真也会被对方认可。而对任何问题都以“随便”作答，体现不出任何个人特质和潜力，怎么能争取到更好的展现机会呢？

爱说“随便”的人往往是不懂得自我推销的人。“随便”可能使他们在面试中显得非常糟糕，在与人交流时无意间贬低自己，同时自己的价值也被“随便”贬低得一无是处。

一对居住在两个不同城市的堂兄妹，有幸先后考进浙江某大学，由于两人在家都是独生子女，他们又不常见面，早一年入校的哥哥想担起兄长职责，帮妹妹熟悉学校周边环境，便一起相约出游。

哥哥兴冲冲问妹妹：“划船还是爬山？”妹妹一边看手机一边随口说了句“随便”，哥一时不知作何选择，以为妹妹都不感兴趣，又问了对女孩子来说更有吸引力的“节目”：“要不我们先去吃饭逛街吧，然后我再带你去艺术馆看看！”妹妹仍然毫无表情地给出了“随便”两个字。

哥哥不知所措，本来想履行做哥哥职责的开心劲没了，出游的兴致少了一大半，从那以后，哥哥再也没有主动带妹妹出去游玩，帮她介绍环境、讲解当地民风了。

在交流中，往往是没有主见的人特别热衷于说“随便”，他们可能对特定事物确实没有自己的看法或者害怕发表自己的观点，只好用随便掩饰自己的不确定。但是被人当成无主见而不愿意与之深入交流，就容易错失良机了。

特别是在有领导在的场合，不论正式的还是非正式的交流，领导往往愿意听更加有自己观点的人发表见解，观点正确与否都不重要，至少证明有在思考。什么事情都等着他人来作决定，只能受人支配，永远做小跟班了。

跟朋友在一起时，总说“随便”实在太扫兴了。别人征求意见时，一句“随便”直接熄灭一颗火热的心。如果“随便”说得太多了，别人也就懒得再问，自己也就不被重视了。试问，总说“随便”的人，真的就是一个随和的人吗？并不见得，他们只是对别人的提问毫不在乎，给人性情冷漠的印象，或是不想与人深交。

有人说，假惺惺的人最喜欢说“随便”，就如表面客气的倦怠和不屑，是一种最不真诚的交往方式。因为被当作不真诚的人，所以对方很难跟这种人说掏心窝子的话，不能无话不谈，双方就没机会真诚表达自己内心的真正想法，也就很难找到知心好友。

总说“随便”的人，生活会变得越来越无聊、无趣，人生本就会遭遇各种艰难，若别人给自己机会表达真实诉求，畅所欲言内心真音，自己却要压抑内心冲动，以一切无所谓的假面具生存，那样的人生岂不是太没意思了？

压抑自己的本性和需求，从好的方面而言，是有涵养和修养的表现，但从另一方面来讲，不单单无法体验生活的乐趣，而且贬低了自身价值。因为通常爱说“随便”的人，都是没有追求和理想，没有自己专属生活方式的人，也就是说这样的人活得很随便，别人也不会更重视他们。

有些人明明很有才华，就因为常在应该发表意见时说了“随便”，而将才华埋没掉。一次又一次随随便便地贬低着自己的价值，一次又一次错失着本应该属于自己的机会。

有效控场三要素

1. 认真聆听、思考并认真回答

在被提问，或者给出几个备选建议时，一定要认真聆听，认真思考，认真回答，坦诚地发表自己的见解，即使不同意，也会让对方觉得自己提出的建议是有道理的。

2. 表现兴致浓郁可彰显尊重

在别人提出建议时，显出兴趣浓郁，积极参与讨论，不仅是配合对方情绪，也是对他人的尊重，如果让对方感觉到自己兴趣缺失，对方也就没什么兴致了，不欢而散的情况多数由此产生。

3. 提出建设性观点提高自身价值

在交流中，不让“随便”这种回答贬低自己的价值，提出建设性的观点，可以体现出自身价值。这意味着将会获得更多机遇，而不是丧失一些机会。

“刀子嘴”也能伤“豆腐心”

《增广贤文》中讲：“利刀割体疮犹合，恶语伤人恨不消。”意思是说用刀割破手指，伤口很快就会愈合，人们便很容易忘记伤痛，而用恶语伤害别人，在他人心中留下伤痕，那种恨意是很难被真正忘记的。

一对中年夫妻，妻子为人和善，热爱生活，关心丈夫，喜欢有情调的家居装修，总是为应酬晚归的丈夫备好贴心夜宵和热洗澡水。对这样的贤妻良母，丈夫仍挑三拣四，有时候关心的话说出口也是恶言相向的：“整天就想着这些花哨的玩意儿，不如好好看着孩子写作业，我又不会饿死，用得着天天等我到半夜？”

妻子关心丈夫工作时，丈夫就会说：“我的工作你瞎操心什么，做好你自己的事情就好了，平时喊着让我努力工作挣钱，我出门工作，你又劝我少喝酒，我少喝酒怎么应酬客户，怎么拿下合同啊。”

妻子深知丈夫不懂浪漫，虽然他的话里处处带刺，自己还是听出关心的意思，常常不去跟丈夫计较。但情况越来越严重，丈夫越说越伤人，有一天因为孩子的教育问题起了冲突，妻子心灰意冷，丈夫说：“你别管我的事情了，管好你自己就够了。”妻子带着孩子回了娘家，再也不想回来并提出了离婚。

最终“刀子嘴”的丈夫还是伤了“豆腐心”的妻子，其实夫妻间没有不吵架的，大多因鸡毛蒜皮的小事，根源在于夫妻双方关心对方的时间不同步，表达方式各有差异。有些人以为“刀子嘴”没什么，张口便说个痛快，情绪是宣泄出来了，却伤了另一方的“豆腐心”而不自知。

可能一次两次的“刀子嘴”并不会有什么，长此以往，伤害越积越多，就会由量变到质变，彻底爆发出来，不仅夫妻之间，就连同事之间都会有这样的情况出现。

阿星的上司是一个追求完美的工作狂人，常常加班到深夜。作为助理，阿星提醒上司注意休息和用餐原本是分内之事，却常常不被上司理解。

上司时常这样回答：“你的下班时间也到啦，快回家去吧，不要再来打扰我了，让我安静地工作一会儿！”久而久之，阿星也觉得自己多事，工作热情骤减，甚而萌发离职念头。

其实阿星和上司之间，也是典型的“刀子嘴”伤了“豆腐心”，明明双方都是从好意出发，但因说话不注意而适得其反。

很多人可能也知道自己有这个毛病，就是总改不掉，只好说：“我自己的脾气啊，天生就比较暴躁，很多人也知道我这个火暴脾气，所以不怎么计较。”可是一个人不可能让所有人都理解自己“刀子嘴”恶语下的“豆腐心”善意，所以俞敏洪才会说“刀子嘴就是刀子心”！

唐太宗这样开明的皇帝，在听到魏征的直言批判时，也曾动过杀掉魏征的念头，若不是长孙皇后盛装跪地求情，唐朝将会失去一位贤臣。长孙皇后说：“祝贺皇上。”李世民惊问：“为什么祝贺我？”皇后答：“因为你身边有这样一个真诚，能够直截了当说出你问题的大臣，这是皇上的齐天洪福。”

而现实生活中，很少有像长孙皇后那样内心清明的人，更少有人能开心接受他人的批判和挑剔。以胸襟宽广著称的李世民都要杀魏征，何况普通人？

但也不是为了不“刀子嘴”就用太过婉转的方式说话，那样很难让人一下子听明白自己想要表达的观点，效果也会适得其反。说话直截了当，但语言又不那么伤人，才是最佳的解决方案。

有效控场三要素

1. 批判评断时，嘴上也别有把刀

即使在大是大非面前，做正确性的批判和公正性的评断，说话前也要三思，不能一开口就是很冲的话。别以为自己说的都是正确的，想怎么说就怎么说，谁也不敢反驳挑理，这样没人理解还会讨人嫌。

2. 坦率表达，也要做好修辞功夫

直白表达观点是对的，但坦率不代表就一定得用“刀子嘴”。夫妻、朋友也好，同事、上下级也罢，多数沟通的出发点都是好的，没必要毒舌，为了不伤害他人，将坦率的表达做足修辞功夫，效果完全不同。

3. 修炼宽广心，不要有豆腐心

一个人若有宽广心，就会显得非常有修养，但一个人有“豆腐心”，很难被称为有修养。因为心胸宽广的人，通常不会计较他人的言语缺失，而豆腐心的人太敏感，很容易受到他人言语干扰，从而影响心情。所以修炼宽广心，不要有豆腐心。

夸口只会暴露短板，谨言才是保全之道

在北方地区，“吹牛皮”特指人说话时喜欢夸大事实，也就是“说大话”。“说大话”即虚假夸张、跟实际不符合、言过其实的发言。

爱面子、喜欢表现是人类天性之一。偶尔在私下里吹吹“牛皮”，结果却做不到，人们顶多一笑了之；若当众夸下海口，吹下牛皮，结果做不到，再想要公众买账那就很难了。

有这样一则寓言故事：两只青蛙在湖边相遇，它们便开始互相吹起牛来。只听一只瞪大了眼睛说：“今天我吞了一只兔子。”另一只肚皮一挺，骄傲地说：“今天我吞了一只羊。”

“哼！今天我吞了一头牛。”

“哼！今天我吞下了一只象。”

两只不知天高地厚的青蛙谁都不服谁，牛皮越吹越大。

在它们吹得不亦乐乎之时，突然走过来一只白鹭。两只青蛙见状不妙，一前一后“扑通”“扑通”地跳进水中逃走了。

白鹭哈哈大笑，说道：“如果今天没有遇到我，恐怕它们会把地球吞下去了！”

这则寓言故事嘲讽了那些爱吹牛的人。“吹牛皮”给人的印象是光动嘴不动手，什么话都敢说，什么实事都做不好。古往今来，因爱“吹牛皮”而惨遭失败的人，甚至导致全局溃败的，历

朝历代都有，屡见不鲜。

《三国演义》中，诸葛亮首次伐魏时重用马谡守街亭，结果马谡自大，违背诸葛亮部署，铸成蜀军败局。马谡在失守街亭后，诸葛亮为严明军纪，以儆效尤，便有了挥泪斩马谡那一段，自己也上书请求降职三等。如果当时诸葛亮想起刘备生前所说的“马谡言过其实，不可大用”，改变主意，也许就能避免失败。如此看来，刘备对马谡的了解还是非常深刻的。

明代陆灼的《艾子后语》记载：“赵国一方士爱说大话，自诩见过伏羲、女娲、神农及尧、舜、禹、汤等，以致‘沉醉至今，犹未全醒，不知今日世上是何甲子也’。恰好当时赵王坠马伤了肋骨，大夫说必须“千年血竭敷之乃瘥”。艾子向赵王推荐了该方士，赵王大喜，命人招方士献药，否则直接杀之。方士唯恐脑袋搬家，不得不向赵王坦诚哭诉，说那些话是携酒祝寿时的醉言乱语，赵王才赦免了他。

俗话说“光说不练假把式”，管子也说过：“言不得过其实，实不得过其名。”以此告诫人们切勿吹牛说大话，遇事要慎重，少说话，多做事。人们都喜欢那些为人处世脚踏实地的人，更喜欢那些用“知之为知之，不知为不知”的态度看待问题的人，这是人们对实事求是品质的认可与赞扬，也从侧面反映出人们对吹牛撒谎、不切实言论的厌恶。

虽然，说大话的害处人所共知，为何还会有人乐此不疲呢？因为知识就像一个浩瀚的海洋，人们不可能精通所有领域，对于不擅长的地方，有的人用“吹牛皮”的方式掩盖心虚，尤其吹牛说大话不要本钱，还能满足他们的虚荣心。

可是，这种面子要不得，否则会带来许多坏处。比如一个人

第一次说大话，有人信了，第二次、第三次未必会再信，该人被他人看成一个不诚实的人，丧失的是诚信与威信。这个人以后再说什么话，再办什么事难上加难！

说大话的人最喜欢做“挂羊头卖狗肉”的事情，说一套做一套。谎言是与真实背道而驰的虚假言论！所以，说大话者多谎言，鲁迅也曾说过：“我想，大话不宜讲得太早，否则，倘有记性，将来想到会脸红。”

所以，要想给生活留些余地，千万别说大话，别去吹牛，否则不仅无法成为人生赢家，还会让自己输得很惨，变成大笑话。

一个诚实的人，能让人觉得踏实可信。吹牛皮可能会满足一时的虚荣，最后却给人留下不良印象，甚至使自己一败涂地。

有效控场三要素

1. 别逞强争面子

别逞强争面子，要发扬“知之为知之，不知为不知”的美好品质，以脚踏实地、实事求是为做人宗旨，用不断学习充实自我，别用“吹牛皮”掩饰自己的无知。

2. 别怕被人小瞧

别怕被人小瞧，因为“吹牛皮”不能彰显自己，只能让自己成为笑话。只有涉猎各种知识，真诚交流，才能充分体现出自身的价值。

3. 别说做不到的

别说做不到的，自己没有办法做到的事情，千万不要过早应承，深思熟虑后再回答。信口雌黄，胡言乱语，只能让自己显得无知。

说话要走心，口无遮拦惹人嫌

有人曾经说过：“刻薄嘴欠和幽默是两回事，口无遮拦和坦率是两回事，没有教养和随性是两回事，轻重不分和耿直是两回事。”然而身边依然有人打着真性情的幌子，甚至为了逞一时口舌之快，做着不顾及他人感受的事。他们口中所谓的“真性情”，不一定就是坦诚和率真，而是情商低之表现。

《奇葩说》里的选手你来我往地互撑，确实让人大呼过瘾，可这毕竟只是一档节目，要考虑收视率的问题，所以有些时候会刻意去制造噱头。而在现实生活中，如果也要去模仿选手之间的针锋相对，这样只会引起周围人的不适和反感，甚至对双方的感情造成不良的影响。生活中的口无遮拦并不是件值得炫耀的事，也不能证明自己伶牙俐齿，反而会让人觉得自己专横跋扈、蛮不讲理。

一次两次说错话尚可以原谅，但如果每次说话都不经大脑，就应该反省和思考自身的问题了。否则，这将会对自己今后的人生造成严重影响。毕竟，别人不是父母亲人，不会永远包容忍让。

在日常生活中，我们身边不乏一些“心直口快”的人。不化妆，他们会挖苦人家皮肤状态差、黑眼圈重；化了精致的妆，穿上精心挑选的服装，他们又会酸你打扮这么漂亮出去勾搭谁去。

看个电影听个音乐会，他们嘲笑无所事事、不务正业；安心读书认真做题，他们又会说学渣一个，干吗装模作样。

总之，无论做什么，他们都有一万条理由反驳，然后沉浸在胜利的喜悦里无法自拔。自以为这样子很酷很有范儿，其实在别人眼中，只是个跳梁小丑而已。

小蕊是一个行事不拘小节的人，她素来由着自己的性子来，很少考虑别人的感受。同寝室的人，基本上见了她就躲着走，生怕一不小心就踩了她的雷区或是受到她的奚落。可她天真地以为别人都喜欢她平日里的“开玩笑”方式，还自诩为一代“毒舌宗师”。

同寝室小南是个爱美的姑娘，喜欢化妆打扮，每天晚上睡觉前都要敷上一片面膜。小蕊看不惯她，就总是找机会挑刺儿：“哎呀，小南，你这眉毛画得也太丑了吧，跟蜡笔小新似的。还有你这件衣服，啧啧……真的我不骗你，我姥姥有件同款。”小南听了这些话，马上不乐意了，两个人差点儿因为这件事打起来，幸好被其他室友及时制止了。

同寝室小玲穿着打扮有些土，也因此成了经常被小蕊取笑的对象。有一次，小蕊撞见小玲穿了一套印花的秋衣秋裤，她像发现新大陆一般大肆宣扬：“天哪，你们不知道小玲穿了件多丑的秋衣，哈哈哈，我只在电视剧里看过。”

敏感的小玲觉得受到了莫大羞辱，哭了起来，其他人纷纷安慰小玲。从此以后，小蕊成了全寝室的“公敌”，没人听她说什么，也没人跟她交流。

只有童言可以无忌，随着时间的推移就该成长为彬彬有礼的少年、顾全大局的青年、推己及人的中年。成人就该遵循这世界的秩序与规则，以尊重和善意为前提，才有资格谈直爽和率性。

在与人交往的过程中应该时刻谨记，口无遮拦并不能显示自己有多潇洒。说话之前经过深思熟虑，什么场合说什么话，会给自己省去麻烦。

有效控场三要素

1. 为别人留一分情面

与人交谈时，要学会给别人留一些情面，给自己留一分余地。不要把话说得太过头，要懂得适可而止。不要咄咄逼人，违背常情常理。

2. 别任由自己的个性

在发表意见前，要认真聆听他人的观点，寻找合适的话语做出回应。不能由着自己的性子，想到什么说什么。祸从口出，一句不合时宜的话，可能会给自己招来横祸。

3. 说话不要尖酸刻薄

与人说话不要尖酸刻薄，要懂得修饰自己的语言。当与他人尤其是长辈交流时，一定要尊重对方，把话说得圆滑一些，不要让对方下不了台。

三思而说：每句话都是社交的伏笔

大多数人都会说话，但是想要把话说好，说得有技巧，就蕴含了大学问在里面。言多必失，三思而后“说”，在开口说话之前，一定要考虑清楚了再说，要能够看清自己一旦说出这句话，会带来哪些后果。

语言是把双刃剑，在促进人们沟通交流的同时，有时也会伤害他人。说话要选择恰当的时机，面对恰当的人，说出恰当的言语，这才是说话的艺术。

有一个中国的访问学者在美国任教，一个学生问他，“老师，这个学期报告需要写多少呢？”他随口就说：“报告要写多长我没有作限定，但有位名人曾说‘好的演讲就像女人的裙子，既要长到涵盖主题，又要短到吸引眼球’，所以套用这句话便可知报告的长短了。”

他自认为很幽默，课堂效果不错，结果下课的时候，有好几个女同学来到他的办公室：“老师，你今天在课堂上不应该说那个笑话，这是性别歧视，不是一个值得好笑的问题，希望你能做出公开道歉，否则我们将提起抗议。”

老师有些拉不下面子，辩解：“这个原话不是我说的。”女生听了，不仅没有平息愤怒，反而更加生气了：“那个名人和我们所处的时代不同，有的话并不具有可比性，作为一个老师，我们希望你能够谨言慎行。”

这时候老师才意识到问题的严重性，下节课刚一开始，他就赶紧向全班同学道了歉，这才得到大家的谅解。这个老师就是说话没有经过三思，给自己带来了小麻烦，想必在有些学生的心目中，他的形象已经大打折扣了。

说出口的话，就像泼出去的水，想要收回来就很难了，所以要在开口之前，再三地考虑清楚才行。每个人在说话的时候，都要分清场合，因人而异，那些随心所欲、想说什么就说什么的人，早晚会惹上麻烦。

午休时，亚丽和欣文去公司食堂吃饭，因为两个人平时关系很好，说起话来自然是肆无忌惮。亚丽边吃饭边吐槽：“公司新来的那个助理，脑子真的不是一般的笨，让她做什么都不会，真的不知道当初面试她的人，究竟是怎么让她进公司的，整天招的都是什么乱七八糟的人。”

亚丽说话声音有点大，再加上她看人家是新人，在公司肯定也没有认识的人，于是说话也不怎么在意。但是殊不知，饭点人很多，听到这话的人，不只是欣文一个。过了几天，亚丽就因为犯了点小错误，被老板骂得狗血淋头，后来老板干脆直接找借口把她开除了。

直到最后，她才知道，原来这个新人是老板侄女，刚刚留学回来，老板特别喜欢这个侄女。她在食堂嚼舌根的事情，被一些有心人跟老板说了，这才使得老板把她开除了。

亚丽正好验证了“祸从口出”这个成语，倘若她能分清场合，在私下偷偷和欣文吐槽，而不是在大庭广众之下，随随便便说人是非，想必不会因为一些小错误而被开除。生活中有很多类似的人，或许并非乱嚼舌根，但不能做到三思后再说话，或许当时看不到什么坏影响，但时间一长肯定害多益少。

有这样一个故事，非常能够说明“口舌”的厉害之处。从前有一位国王，他让两位大臣去寻找两样东西：一个是世界上最好的，一个是世界上最坏的。两位大臣外出一段时间后，均找到了各自要找的东西。第一位大臣在国王面前打开盒子，里面是一个人的舌头，另一位大臣打开盒子，里面也是一个人的舌头。可见，世界上最好的和最坏的东西都是人的舌头，这更说明了语言的重要性。

《雅各书》中说：“颂赞和诅咒从一个口中说出，这是不应当的。”有些人所说出的话既对自己无益，又会伤害他人，与其如此，不如不说，以免惹出麻烦。所以，说话之前要三思，再三考虑后再决定是否说出口。

三思而后说，并不是嘴上念叨几句就行了，而是要在平时的生活、工作以及学习之中，切实认识到这一问题的重要性才对，那么，究竟该怎么做呢？

有效控场三要素

1. 少说多听，谨言慎行

不要一打开话匣子，就完全停不下来，想到什么就一股脑儿全说出来，把想说的话在脑袋里过滤一遍，觉得没什么问题，再说出来，这样才不会出差错。

2. 分清场合，因人而异

说话场合和聊天对象，在谈话的时候，是非常重要的两点。比如说，自己在家里和最亲密的人聊天，肯定就比较随意一些，但是在一些重要的公开场合，说话之前，就要格外注意，避免出现纰漏，给自己造成不好的影响。

3. 保持平和、善良心态

不要背地里妄加指责或评论他人。善良永远是美好的品质，背地里说别人的坏话，逞一时口快，世界上没有不透风的墙，只要是说出口了，肯定就会有人知道，到时候肯定会与某些人交恶，损人不利己，何苦为之呢。

批评三要义：说不说，在哪儿说，怎么说

智者往往知道，在什么场合应该说什么话。批评同样也要分清场合，这样既不会让被批评者心生不满，又会让他认识到错误，产生羞愧心理，及时改正。但是有些批评者却做不到这一点，随时随地、不分场合地批评，问题到最后只会变得更加严峻和复杂，矛盾也进一步地激化。

高二年级联考的成绩公布了，文科三班开了一次家长会，目的是让家长们能够对孩子目前的学习状况有个更好的了解。艳玲这次成绩考得很差，她平时学习还算努力，但她不是很聪慧，所以学习就比较吃力。班主任在家长会上，点了几个同学的名字，让他们抓紧时间努力。

艳玲的妈妈觉得特别丢脸，人家的孩子，成绩都很好，深受老师喜欢，自己百忙之中抽空过来开家长会，只能在别人面前丢面子。结果家长会中途休息时，她不分场合，完全没有考虑其他同学和家长在场，对艳玲大声责骂道："你这种猪脑子，我看根本就不适合学习，要不退学算了，天天学得比人家努力，成绩还没人家一半好，从小到大，你爸爸和我在你身上浪费了多少时间和钱，我看啊，你根本就不是块学习的料，还是趁早放弃吧。"

艳玲羞愧难当，一些家长和同学过来劝解，可是她仍旧喋喋

不休地批评个没完没了，艳玲脑袋嗡嗡地响，只觉得太丢人了，冲动之下，迅速跑到外面的阳台上，闭着眼睛跳了下去，摔断了一条腿。

这位妈妈的出发点其实是好的，望女成凤是每个家长的心愿，她也是希望女儿成绩能够提上去，但是她完全不看看自己当时所处的场合，张口就对女儿大声责骂，言辞激烈，情绪亢奋。艳玲原本成绩不好，心情就低落，再加上妈妈的恶毒批评，以及来自周围同学和家长异样的目光，她终于崩溃了，惨剧也由此发生了。

作为家长，对孩子偶有批评是有好处的，能够让他时刻保持警醒，但是一定要分清场合，尽量选择小的范围。比如说，在晚饭后，和孩子进行一次面对面的促膝长谈，语气稍微带点批评的意思，可能会取得比较好的效果。

一位将军带兵打仗，结果因为战术上出了差错，丢了一个很重要的城池，他为此大动肝火，没想过先从自己身上找问题，而是将士兵都召集起来，怒气冲冲道："平时养着你们，让你们白吃白喝，就是为了在危急时分，让你们英勇战斗到最后一刻，可是你们看看自己，有斗志吗？上了战场只会做逃兵，简直连猪狗都不如，哪怕你在战场上侥幸死里逃生，也会背井离乡，遭受众人的唾弃。今天晚上会有一场夜袭，假如失败了，谁也别想活着回来！"

将军走后，士兵们议论纷纷。打仗原本就是异常艰辛的事情，士兵是战争里面非常关键的元素，而这位将军不但没有想着怎么安抚军心，反倒是当着所有人的面，将他们毫不留情地大肆批评了一番，且言辞过于难听。试问这样的将军，怎么能够让将士的心凝聚在一起？最后打败仗恐怕也是必然的事情吧。

这位将军固然武力超强、英勇无敌，但是只要他不会说话，不能够控制住自己的情绪，不分场合，不注重说话的语气和言语，对于出生入死的战友横加指责，那么他绝对不会成为常胜将军。这样的道理同样适用于日常的人际交往之中，想要赢得他人的尊重和信任，想要成为领导者，想要做出一番事业，同样也要注意到以上的几点。

某天，经理当着公司所有人的面，严厉地责骂了一个刚刚入职的新员工："既然你选择了干销售这一行，就要把自己的性子改改，销售就是要把东西推销给别人，你看看自己，天天畏畏缩缩的，说几句话都脸红，如果我们公司所有员工都像你这副德行，估计早就垮了！你行就行，不行就赶紧辞职！"

这位员工感觉受到了极大的屈辱，并没有选择辞职，而是一直对这件事耿耿于怀，伺机报复。后来他窃取了公司的一些机密，搞砸了一个大单子，果真就像那个经理所言，搞垮了整个公司。这样的结果没有人愿意看到，但又是完全可以避免的，经理如果能够换一种表达方式，不这么咄咄逼人，而是态度温和诚恳，说不定公司还会因此多了一个好员工。

人都有羞耻心，自己做错事情了，不用别人说，大多数人也都会意识到。这个时候，如果有人善意地批评指正，那事情就会往好的方向发展；反之，倘若大肆责骂，恨不得让全世界的人都知道这件事，那么情况可能会变得更加糟糕。这也是人们要从中吸取经验和教训的地方。

有效控场三要素

1. 不能摆大架子

态度要诚恳，不能摆领导架子，大耍威风，一副趾高气扬的样子，而是应该把两个人的地位放平，以一种帮助别人改正错误的心态为出发点，拉近彼此的距离。这样不仅会赢得对方的好感，也会让其对自身的错误或者不足感到深深的自责，从而发自内心地接受批评，并且努力完善和改变自己。

2. 避免太过公开

在什么样的场合说什么样的话。批评的时候，最好选择小范围的场合，私底下单独交流也是非常好的，这样会营造一个亲近、融洽的语言环境。

3. 保持稳定情绪

批评时措辞要注意分寸，不能态度恶劣，大肆责骂，兴师问罪，而应当温和以待，让被批评者能够保持情绪稳定，从而更好地接受。

8 社交“禁忌”

——别让“不好意思”成为软肋

“戒掉”不好意思，才能带着自信上路

在人际交往中，我们经常会因为不好意思拒绝别人而答应去做一些自己并不情愿做的事情。不过，当我们顶住压力帮助了别人，不见得对方会感恩戴德，所以我们的善良偶尔会被辜负，毕竟善良过了界，就容易滋生出人的贪婪之心。因此，人生在世，要想活得轻松自在，就有必要学会并掌握“拒绝”这门学问。

可能在很多人看来，“不好意思”是性格内向、害羞之人的专有词汇，但实际上，不好意思几乎在每个人身上都发生过。习惯于中庸之道的中国人，在拒绝别人时，很容易产生一种“不好意思”的心理，这种心理阻碍了人们把拒绝的话说出口。

比如，跟朋友聚餐，餐中被人热情地敬酒，不会喝又不好意思不喝；餐后被热情地拉去唱歌，不会唱又不好意思不唱；去

商场购物，看到理想的商品却因价格昂贵而打算放弃，这时面对热心服务的导购员，即使决定不买又不好意思拒绝；一个向来行为不端、借钱不还的熟人前来借钱，担心他不还又不好意思不借……

这些时候，很多人出于不好意思而作了一些不情愿的选择。事实上，生活中，不知有多少人因为不好意思说“不”，而买了不称心的物品，做了不想做的事情，吃了不爱吃的东西，甚至误了不该误的约会……

女大学生覃小静，因为家庭条件较差，养成了自卑的个性，做事说话总是害羞、唯唯诺诺的样子，经常因为不好意思开口求人，不好意思张口拒绝他人，不好意思在公众场合行动，而做了很多自己不情愿的事情，但她的人际关系并没有得到改善，反而越来越糟糕。

和她一组值日的郑云同学笑眯眯地说：“我放学以后社团有活动，做值日就赶不上吃饭了，今天就拜托你喽！”她也想早点吃饭，但不好意思开口说“不”，最后支支吾吾地点了点头。

星期天她想睡个懒觉，隔壁室友约她一起洗澡，说是上午学校浴室人少，她不好意思说“不”，心想早去早回，就可以早一点去图书馆占位也不错，就爬起来准备洗漱用品。

她刚要出门，还在赖床的室友赵俊熙却请她帮忙带一份杂志回来，因为那种杂志只有校外书店才有卖，她要走很远的路，她想早一点去图书馆也是不可能的了，但她还是不好意思开口说“不”。

她不好意思的事还有很多，比如不好意思跟陌生人说话，不好意思自己一个人吃饭，就连一个人走路都不好意思，做什么事情都严重依赖他人，若没有人陪，她就会感觉无所适从，浑身不自在。

知心好友以为她慢慢熟悉周边环境和同学们后就能放得开了，但是两年过去了，她依然没有多少长进。好友就告诉她，这样长期下去是不行的，人要学会独立，学会自己作决定，对于不想做的事情，要学会拒绝。

直到毕业，她依然没有突破自己。参加工作后，在工作过程中，她也因为各种不好意思的情况，整天把自己忙碌得不成样子，却没让同事更尊重，老板也总无视她的付出，以为她就是喜欢忙碌的那种人。

覃小静的“不好意思”问题的根源在于内心的不自信。对于即将面对的状况和将要如何与人交流都没有自信和经验，不知道下一步将如何应对这些状况，才会产生“不好意思”的心理，这也是内心逃避的一种方式。

不单是覃小静，对于刚步入社会参加工作的人来说，很多人都因为工作经验少，缺乏人际交往能力，不管做事还是说话，不好意思说“不”的情况占比很高。

张华强刚入职不久，为了显示诚恳好学精神，他对于部门同事的任何请求都来者不拒。明明正在画一份经理急要的图纸，同事有客户来访，请他去冲两杯咖啡，他不好意思说“不”，起身去了，却发现公司水吧没有咖啡，匆匆跑下楼准备自己掏腰包去买。

非常不巧，刚好在电梯里碰到经理，经理有点愠怒：“工作时间你要上哪去？图纸做好了？”他红着脸低下头，想说帮同事买咖啡招待客户，又怕经理迁怒同事，显得自己告状，只好硬着头皮自己扛下来："头有点晕，下楼抽根烟换个思路。"经理一脸狐疑："你不是不抽烟吗……"

张华强的"不好意思"问题的根源在于刻意去赢得他人好感。对于自己的道德标准要求过高，以至于分不清主次，在工作中，经理指派的任务更为重要，他的工作内容是画图，要先完成分内工作，有精力和时间再去帮助同事，即使不帮助同事也是情有可原的，但不完成经理安排的工作任务，就没有道理了。

生活中，往往还会出现这种情况，在自己不情愿做又不好意思说"不"的时候，由于矛盾心理，说话吞吞吐吐，欲言又止，欲藏又露，即使答应他人，态度也不会显得太诚恳，他人也不见得真的会领情。

在这些"不好意思"心理的制约下，很多人往往戴着假面具生活，不仅活得累，而且会丢失自我，对于自己难以摆脱"无力拒绝症"，常常自卑、自责、后悔不已。

如果世界上都是不好意思的人，商户不好意思要账，就得关门大吉了；销售员不好意思让客户签单，就没有业绩可交；乞丐不好意思要饭，就会因饥饿而死；不好意思向心爱的人表白，不好意思跟优秀的人结交，不好意思承认错误，都会成为人生的遗憾，甚至成为绊脚石。凡遇到不情愿做的事，都不要不好意思，在合理范围内适当婉拒吧。

人们在小心翼翼地为人处世，害怕自己做错事，说错话，或者害怕被别人拒绝，从而不敢开口与他人交流，不能捍卫自己的权利，不敢为自己争取更好的机会。所以，在人生的道路中，别让这些不好意思害了自己。

无论在工作中，还是在生活中，我们可以发现那些表现得大方得体的人，那些不会因为不好意思而害怕与别人交流的人，往往会成为他人关注和喜爱的对象，拥有更多的机会和更大的舞台。

相反，那些不好意思开口求人，不好意思拒绝他人的人，反而丧失很多与人交流的机会，社交圈子会越变越窄。那么，如何改善“不好意思”的状态呢？

有效控场三要素

1. 拒绝时主动寻求突破点

在拒绝时，对于不好意思者，最好的方式是主动找出问题的突破点，讲自己最为难的地方所在，比如要考试了时间紧张，比如家庭经济情况不好没有多余的钱借给对方，在讲述的过程中，寻求对方个性上最容易突破的地方，比如心软、重感情，可以动之以情，晓之以理。

2. 在交流中树立自信

不好意思会让人们在公众场合表现得很糟糕，从而丧失很多原本可以得到的机会。因此，必须想办法改变，通过不断尝试提高自信。越自信的人才能越从容地与人交流，不好意思拒绝的情况就会变得更少，因为有自信，可以更好地表达自己拒绝的理由。

3. 日常里找个榜样

榜样的力量是无穷的，通过观察别人是怎么做的，增加自己临场应对的能力。想想自己不好意思拒绝他人，而那个被自己当成榜样的人怎么就能做到呢？学习了，就能改变。另外可以多参考交际高手的建议和意见。

表达的艺术：让“不”变得悦耳动听

在社会上行走，不论年龄大小，总会遇到别人求助的情况，虽说乐于助人是美德，中国也讲究“一方有难八方支援”，但是在面对棘手难题、无法提供帮助时，也要学会拒绝，否则将会使自己陷入难堪的境地，不仅不能帮助到别人，反而需要别人的帮助。

“君子有所为，有所不为。”这个“不为”，就是拒绝，意思就是当别人有所求而自己无能为力的时候，就要果断拒绝别人，让他试着向别人求助，或许还可以有所转机，问题得到真正的解决；当自己的合法权益受到侵害时，也可以行使拒绝的权利。

但是，如何拒绝他人是一件困难的事情。拒绝好了，不影响交情，拒绝不好，严重的可能会绝交。在别人百般请求时，做到既不伤害其自尊，也不让自己为难，才是婉拒他人的完美艺术。

我国著名书法家启功先生的家整日门庭若市，向他求学、求教、求字、求书的人络绎不绝，启功先生经常自嘲：“我真成了动物园里供人参观的大熊猫了。”有次先生卧病在床，担心来人时无法礼貌接待，就在门口贴了一张幽默的纸条：“熊猫病了，谢绝参观；如敲门窗，罚款一元。”

启功先生拒绝他人的方式很巧妙，既是自嘲，又给他人一个明确信号。做不到的事情，就不要让别人有所希望。

明朝时有一位著名画家受邀去宫中给皇帝画画，而皇帝却故意刁难他，让他画一幅九州大地的美景。这位机智的画家，顿时就跪下来，向皇帝磕头道："草民才疏学浅，未能将九州大地的风景都探访一遍，而皇上贵为天子，不妨请陛下先行画一幅草图，草民就照着草图进行创作。"

这位画家便深谙"拒绝的艺术"，在不同的场合，与不同的人交流，所使用的拒绝的言辞也有所不同。面对九五之尊的皇帝，如果直截了当拒绝，说不好会引来杀身之祸，画家先自检讨，说自己未曾遍访过九州大地，无法画出其中美韵，然后说请皇帝画出草图，既贬低了自己，又抬高了君王。

任何一个君王，面对这样的抬举心理当然很舒服受用，不过话又说回来，皇帝若是会画不如亲自画，还请画家来干吗？若皇帝说自己也没阅览过自己的江山，岂不是被朝野群臣、天下黎民笑话，所以让画家作画一事也就不了了之了。

在生活中，也有许多需要拒绝他人的时候，一样需要运用智慧。每年春节回家探亲，总有许多年轻人在网上吐槽，被亲朋好友"热情"地关心了，比如被问"薪水多少？""找没找对象呢？""何时结婚？""啥时计划要宝宝？"。

若不想回答他们所"关心"的话题，也不能直接拒绝，会显得太不给亲戚面子，也会让自己父母脸上无光，必须答复应付时，不如这样说，"薪水虽然还不够买车买房，但也算够花了！""对象正处着一个呢，还没处到可以领回来见家长的程度呢！""结婚的日子还早，我还想再给家里多赚点钱再考虑结婚！""生了宝宝，头三年孩子太小，回来一趟就不容易了，我们想等把父母接过去再计划要孩子，我们夫妻也免得两地来回跑了”。

所以，想要拒绝回答亲朋“关心”的问题，也不是没有技巧，话看怎么说了。若亲朋有求于自己，自己又没有能力做到，可以坦率一些，说出办不到的理由和苦衷，亲人会理解的。如果是不熟悉的人求助，则可考虑委婉些，尽量在不伤害对方的情况下拒绝。

但是，记住一点，在相亲时，如果对方是自己不喜欢的类型，也不要直言不讳地拒绝，既然认识了就是朋友，不妨先坐下来聊聊天，男士的话可以抢着买单。等相亲结束，再通过介绍人委婉地拒绝，相不中的最好理由是个性不太适合，不要说别的。这样才能显示出自己的修养，既给对方留了面子，也不会让介绍人觉得为难。

如果有人故意甚至恶意让自己为难，千万不能软弱，应勇敢起来，直言不讳地拒绝！否则，困扰的是自己。

通常，不会拒绝的原因有很多，归结起来最多的，是为人处世怕得罪人。不过仔细想想，拒绝一个人的请求，肯定是要得罪人的，要衡量一下拒绝和不拒绝之间，天平的哪边更重，把事情推脱掉，让自己不受累赘才是当务之急。

不会拒绝，就会在工作中职责不清，让自己更加左右为难。一件工作本是别人的责任，自己做久了，在别人看来自己就是责任人了，别人还会要求自己继续做下去。

有的时候，迫于压力也可能无法拒绝，例如分配事情的人过于强势，在这样的压力和恐惧心理下，一时间想不出拒绝的理由，长此以往也就形成了逆来顺受的性格。

还有一种情况，就是碍于面子不好拒绝。想想都是关系不错的亲友同事，人家有事请求帮忙，没有理由不帮忙。可是时间长了，反倒被人认为自己有这个实力，帮忙是理所应当，没有什么感激之情了。

再有就是个性问题了。有的人太过老实，性格软弱，不会拒绝他人。这样的人凡事都是谦让忍耐的，甚至将所有事情都揽到自己身上，若别的同事没有工作可做，也会不高兴，即使他们乐于闲领薪水，自己的薪水也不会提高。

俗话说，人善被人欺，马善被人骑，太过善良容易被人欺压。必要时，该硬气就硬气起来，要学会拒绝他人的请求，自己才能过得舒服一些。

有效控场三要素

1. 千万不要犹豫

拒绝就是拒绝，千万不要犹豫，尤其是那些自己根本做不到或者根本不愿意做的，直接开口拒绝就好，不必太过为难，思前想后。

2. 态度必须坚定

拒绝的时候，态度一定要坚定，哪怕用的是委婉口气，但态度一定要明确且坚决，莫让人误以为没有拒绝，对自己产生期待。坚定地按照自己的想法走，拒绝一些事、一些人，成为一个有主见的人比一个老好人要有用得多。

3. 提防被戴高帽

有些人天生就长了一张好嘴，尤其在求他人帮忙时，话说得很漂亮，会赞美人夸奖人，会给人戴高帽，此时万不能因为高帽戴得舒服，就忘乎所以，应承下让自己为难的事情。

拒绝要讲策略，既不伤和气，又坚持己见

说“不”对有些人来说十分困难，这就要求我们用一些方法来委婉地表达拒绝。

赫斯脱是美国著名出版家，当年他在旧金山办第一家报纸时，著名漫画大师纳斯特为该报纸画了一幅漫画，传递出的信息是，让广大民众联合起来，要求电车公司在电车前面安装保险栏杆，这样可以防止乘客意外受伤。出发点是好的，不过当漫画画出来之后，赫斯脱并不满意。他觉得把这幅漫画放在报纸上会影响报纸销量，可怎么向纳斯特提起这件事呢？

思来想去，赫斯脱当晚邀请纳斯特一起吃晚餐。在餐桌上，赫斯脱先是对纳斯特的漫画进行了一番称赞，接着一边喝酒，一边自言自语道：“哎，你有所不知，这里的电车已经让很多孩子意外受伤了，孩子们太可怜了，这些电车司机实在不像话……他们如同魔鬼降临人间一样，睁大了眼睛，满街寻找玩耍的孩子，一看到孩子就直接冲上去……”

纳斯特听到赫斯脱这样说，当即从座位上站了起来，高声说道：“天哪，赫斯脱先生，您刚刚说的场景才是一幅出色的漫画啊！请马上把我之前寄给您的那幅漫画扔掉吧！”显然，赫斯脱达到了自己的目的，并且未伤及二人的感情。

试想，如果赫斯脱直接拒绝将纳斯特的漫画登在报纸上，纳

斯特的自尊必然会受伤。而他采用巧妙的拒绝方式，既不伤和气，又不失底线，可谓两全其美。

在社交中，我们要善于营造双赢的局面。拒绝的目的是让自己舒服，但并不能以让对方难受、难堪为代价。因而拒绝要讲策略，学会绕个圈子表达自己的观点，不直接说出拒绝对方的话，却可以让对方“秒懂”你的意思。

小弋是个话痨，总爱找别人聊天，而且他有个毛病，聊天总是不分时间和场合，有兴致就长篇大论。久而久之，很多朋友都对他唯恐避之不及。但好友小丽因为不知如何拒绝人，就被迫成为他最“忠实”的听众。

小弋因为有了这个好的听众，在别人都为他关上大门的时候，更加频繁地找小丽聊天。小丽不管在工作还是在约会的时候，都会接到小弋打来的“骚扰”电话，小丽对此苦不堪言，千万次下决心，下次一定要说“不”，可是每次接到小弋的电话，“不”到了嘴边又咽了下去。“你有权利说‘不’，学会拒绝也是一种能力。但你要把握好尺度，分清轻重缓急，这样就能合理地拒绝，正确地选择。”后来，小丽学会了该工作的时候就以工作为重，果断拒绝小弋的电话，闲散的时候就适当问候小弋。如此一来，两人关系不仅没变淡，反而更加融洽了。

生活中，聊天无疑是拉近感情距离的方式，但如果一些朋友或亲戚，总是聊一些琐事，且影响到你的工作或学习时，你就要学会说“不”，敢于拒绝别人，因为你有权利这样做。适当拒绝他人，别让自己的善意造成难堪的局面，疏远和他人之间的距离，但在拒绝他人的时候，要注意用词，先拒绝，然后再把情况说明。

在工作中，尤其是女性，经常会被要求做很多不必要做的额外工作，而大多数人不懂得拒绝别人，常常委屈自己。说“不”似乎与大众接受的教诲相左，但一味顺从，无休止地接受，只会让我们超负荷地工作，身心俱疲，因而我们需要对老板说“不”。

小林是一家外贸公司的员工，每天加班的痛苦让她苦不堪言，虽抱怨但仍旧拼命工作。一次，听她诉苦后，朋友告诉她：“你加班都加成这样了，是工作重要还是身体重要啊？如果老板再叫你加班，你要和他说明情况，你得有勇气说‘不’，你得捍卫自己说话的权利。”

后来小林鼓起勇气去找老板说明情况：“老板，加班是可以加快工作进度，但数月的加班让所有的同事都已精疲力竭。若再加班下去，不仅会影响工作效益，而且会拖垮人的身体。我们可以先休息几日，这样再工作的时候也可以有更多的精力，岂不更好？”老板欣赏小林的直率，最终小林为所有员工争取到了休息时间，也成全了自己。

宋朝时期，苏轼与弟弟苏辙都在朝中为官，想求他们办事的人自然不少，兄弟两人实在厌烦。一次，苏辙的一个朋友登门拜访，打算让苏辙帮他谋个差事。苏辙知道来人的目的，便故意躲了起来，来人只好转过来向苏轼求助，希望他可以伸出援手。

无可奈何的苏轼只好先把这个人请进屋内。不过，苏轼并没有提帮他谋差事的话题，反倒给他讲了一个故事：“从前有一个人十分贫穷，于是就去盗墓。他挖开第一个墓，看到里面躺着一个古人，赤裸着身体，嘴里还一直念叨着：‘你不知道汉朝杨王子孙轻财傲世，下葬时都不穿衣服的事情吗？眼下我自己都没衣服穿，还怎么接济你呢？’”

这个人没听懂苏轼话里的意思，而且还一副听得津津有味的样子，苏轼见状便继续往下讲："这个穷人继续挖开第二个墓，只见里面是一个帝王，帝王和颜悦色地说：'我是汉文帝，早就立下遗诏，不会把金银财宝放在墓中，你还是去其他地方吧！'"

苏轼说完，便大笑起来。来人似乎听出了苏轼讲这个故事的用意，不禁脸上发热。苏轼继续说："后来，这个穷人只好又去找其他的墓。他发现一处由两座墓连在一起的墓，便把左边的先挖开，这时走出来一个身体瘦弱的人，对穷人说道：'我是伯夷，早年饿死在首阳山下，我能怎么帮你呢？'穷人又去挖右边的墓，伯夷劝他说：'我兄弟叔齐住在那里，他的状况和我的没什么区别，我看你就不要白费力气了。'"

听到这里，来人终于明白了苏轼的用意，便借口有急事离开了。

苏轼采用的拒绝之策是通过讲故事的方式让来人知道自己不愿意帮忙，既没有让来人面子上挂不住，也达到了拒绝的目的，实在巧妙。

现实生活中，有些人不好意思拒绝他人，便硬着头皮应承某些事，搞得自己十分难受。其实，无论是普通大众，还是公众人物，面对一些违心的事时，要学会把自己的面子放在一边，做真实的自己，对别人无理的要求说"不"，学会拒绝他人，才能保持自我。

说"不"也是一种勇气，但过于强硬的拒绝就是一种鲁莽与愚昧。温和而又坚定地说"不"，才能给彼此的关系留有余地，那么说"不"的艺术如何把控呢？

有效控场三要素

1. 分清轻重缓急

说“不”的第一步是搞清楚在你的生活中到底什么是至关重要的事情。你越执着于生活中的重点，说“不”就会越简单。

2. 三步式拒绝法

肯定—否定—肯定式拒绝法。在拒绝他人时，可以采用一种新颖的肯定—否定—肯定式拒绝方法。首先，告诉对方你自己的理由，接着，表达你的拒绝，最后以一个肯定性语言结尾。

3. 坚持己见

生活中总有一些人永无止境地提出各种无理要求。对付这些人，得先发制人地直述当前困难，学会暗示彼此的分界，在说“不”后，即使对方勃然大怒或者情绪冲动，都不能妥协，认真听取对方意见，冷静重述拒绝立场，做到态度坚定，不要退缩。

委婉中带决心：高情商的拒绝让对方无懈可击

生活中，人人都会有拒绝别人的情况，也会被他人拒绝，这是一件不可避免的事情，是人生常态。在拒绝他人时，要采用恰当的方式才不显得尴尬，否则很容易将对方和自己置于一个不上不下的情境之中。所以，在社交中掌握高情商的拒绝方式至关重要，既不会让对方难堪，也会让你守住心中的“底线”。

有一家大型百货公司出售很多漂亮时尚的领带，当地人几乎都会去那里购买领带。百货公司的经理希望大作家海明威也能成为他们的顾客，这样就能起到很好的宣传效果。于是，百货公司直接给海明威寄去了一条漂亮的领带，同时附上一封信：“几乎所有人都喜欢我们公司的领带，所以我们也真诚地希望您也成为我们的顾客，希望您可以为这条漂亮的领带支付 2 美元。”

海明威收到信和领带后，思索着如何回复。他知道，如果真的老老实实按照信上所说支付 2 美元并不妥当，完全不理会更是下下策。想了一会儿，海明威想到了解决办法。

过了几天，海明威寄给百货公司一个邮包，里面也附上一封信，上面写道：“大家也都很喜欢读我的书，所以我希望你们也能够成为我的读者并买下我新出版的一本书，现在寄给你们。小说定价 2 美元 80 美分，扣掉领带的钱后，你们应该还我 80 美分。”

海明威通过这种巧妙的方式拒绝了对方，却并不会引起对方的不适，只会让对方会心一笑。这无疑是一次高情商的拒绝。

被拒绝者通常不会开心，但一件事若并非出于己愿，勉强答应只会让自己被动，此时的两全之策便是拒做老好人，采用高情商的拒绝方式让对方了解你内心所想。反之，为了立“好人牌”，就不得不付出更大的代价。

人们常说的“老好人”，是指那些随和厚道、性格温柔、不愿得罪人、不会拒绝别人、缺乏原则性的人。

在生活中，“老好人”总是以待人接物热情大方、不愿拒绝他人而受到大家的欢迎。但这种毫无原则、习惯性接受他人请求的状态，会让“有心之人”得寸进尺，提出的合理的、不合理的请求越来越多，会使“老好人”渐渐身心疲惫，早晚有一天会出问题。

帮助他人固然是美德，但总是如此，人们会认为得到“老好人”的帮忙是理所当然的，感激之情也会淡薄，毕竟人都有欺软怕硬的心理。正确的做法是灵活运用，可以在他人真正需要帮助时提供帮助，也可以在他人不是很紧迫时拒绝对方的要求。

每个人都得有自己做人做事的准则和尺度，谁也不是神，谁也不是大圣人，“老好人”也有办不到的事情，总是谦让别人，有求必应，“老好人”会被累死。

不要充当“老好人”，不是说一定去做一个走极端的坏人，而是说做人做事都要有原则、有底线，不能将别人提出来的任何要求都毫无原则地照单全收，那样的人会成为他人的“便利贴”，给人一种不用白不用的感觉，反而把自己弄得很累而得不到别人的认可。

在生活中，可能会有很多人产生这样的困惑：“为什么我对他那么好，帮助他那么多，可是他却不珍惜，没有一点感谢的意思呢？”其实答案很简单，就是因为充当了“老好人”，让自己的帮助显得非常廉价。当一件事情被认为很廉价时，甚至被认为这是“老好人”的义务，哪里会有什么感谢，更别谈珍惜了。

晓燕就是众多“老好人”家族中的一员，无论是在生活中，还是在工作中，无论别人找她帮什么忙，她几乎都照单全收。在充当“老好人”的过程中，她用了很多私人时间去回应别人的要求，尽力满足这些要求，她对于别人的事情非常认真，好像这些事情原本就是她个人的事情似的。

她原本以为可以通过毫无拒绝地帮助别人，获得别人更多的好感，赢得别人更多的友谊，确实她和大家看似保持着经常性的联系，但往往是大家隔三岔五地麻烦她，而非她去麻烦别人。

有一次，闺蜜张君要去旅游，要她帮忙照管一下张君姑妈出国以后空闲下来的房子，若有租房的人，帮助引一下路，看一下房子，顺便浇下花，换换鱼缸里的水。晓燕的工作很忙，但还是咬着牙答应了。

张君旅游期间，果然有一个要租房的人，给晓燕打电话，可是不巧晓燕病了，严重高烧，没有办法起床，晓燕请张君谅解。

可是张君任何关心的话都没说一句，还在电话那头大吵大嚷：“上次窦豆找你帮忙，你不也带病去了吗？你这人怎么这样，每次拜托你都可以，怎么这次就不行了？你太不讲信用了！”晓燕还想解释什么，张君怒气冲冲地将电话挂断了。

晓燕没想到原本她以为关系很好的闺蜜，并没有关心她的病情，也没因她生病而谅解她，反而臭骂她不讲信用……晓燕的情绪彻底崩溃，她不明白闺蜜为何这样对待她，一直不断自问：“什么才是真朋友？”

她甚至开始怀疑是否存在真正的友谊，但是她完全没有意识到，正是因为她平时毫无原则的“老好人”行为，而让身边的人觉得她的帮忙是理所当然，因此，当她开始拒绝时，别人才会有如此激烈的回应。

她更加不知道的是，她身边有一些人，早就把她的帮忙当作理所当然，没有丝毫感激，反倒在背后笑她傻，讥她蠢。在工作中，甚至有人故意将麻烦事往她那里塞。所以，在多数人的印象中，她好像总有做不完的事情，而这些事情又好像都不是她自己的。

“老好人”的例子比比皆是，有的因竭尽全力充当“老好人”而最终迷失自己；有的因在充当“老好人”过程中偶尔一次的拒绝，失去本以为关系很好的朋友；有的因充当“老好人”成为一个没有原则、没有特点的，可以被人招之即来挥之即去的“便利贴”。总之，毫无原则地充当“老好人”所带来的结果，要比拒绝他人更可怕。

有效控场三要素

1. 帮助他人要有适度的原则

帮助他人要有度，要坚持原则，守住底线。当面对他人请求时，可抱乐于助人的心态答应，但绝对不可充当毫无原则、毫无底线的“老好人”。不能因害怕拒绝而全盘接受，友谊也会在适当的拒绝中成长得更加坚固。

2. 合理拒绝提高帮助的价值

对于大多数人来说，越是容易得到的东西就越不会珍惜。在他人提出请求时，若能做到适度拒绝而非全盘接受，也是告诉别人自己的时间很珍贵，不能任人招之即来挥之即去，别人就会心存感激，更珍惜即将得到的帮助，而不是觉得理所当然。

3.“老”好人不是“烂”好人

“老”好人不是“烂”好人。一段关系的开始要以平等为基础，失去平等的关系迟早有一天会出现问题。如果在一段关系中，永远都是“老好人”帮助别人，别人不为“老好人”做点什么，这段关系实际上也是不平等的。

心怀真诚，合理的拒绝不会恶化关系

大多数中国人信奉中庸之道，讲求以和为贵，不懂得拒绝别人，即便这件事给自己造成了困扰，也习惯隐藏自己的真实想法。在拒绝别人时总是很容易发生一些心理障碍，甚至会为自己的想法感到自责，这样戴着“假面”生活，渐渐迷失了自我，怎一个累字了得。

喜剧大师卓别林说过这样一句话：“勇敢地说‘不’吧，这样你的生活将会美好得多。”在人际交往中，我们应该遵循自己内心的想法，在尊重双方的前提下，进行合理的沟通交流，学会委婉地拒绝。有时候，这样非但不会影响彼此的关系，反而会让对方感受到你的真诚，让你收获一份好的人缘。如果一味地委曲求全，不单单会给自己造成困扰，还会让别人觉得你很没主见。

《红楼梦》中的林黛玉，虽然极度敏感多疑，但在说话做事方面还是有分寸地矜持着，不像凤姐那般雷厉风行、快人快语。有一回邢夫人说：“苦留吃过晚饭去。”黛玉婉拒说：“舅母爱惜赐饭，原不应辞，只是还要过去拜见二舅舅，恐领了赐去不恭，异日再领，未为不可。望舅母容谅。”邢夫人听后笑道：“这倒是了。”

母亲去世后，林黛玉投奔外婆，自进入贾府，处处谨言慎行。虽得贾母疼爱，但终究是寄人篱下，这使林黛玉做事谨小慎微、处处留意，不像其他小姐那般无拘无束。黛玉婉拒邢夫人的这段话，表达了自己对邢夫人的尊重和感激，体现了她知书达理的一面。

真诚委婉地表明自己的立场和态度，其实是对自己的一种保护，同时也是对他人的尊重。这样的做法，好过当面一套背后一套的奉承谄媚，好过违背自己的初衷做了不喜欢的事之后让他人难堪又令自己难受。用温和婉转的语言，去表达拒绝之意，更容易被他人理解和接受，无论是对自己还是对他人而言，这都是一种最好的选择。

钱钟书先生是位才华横溢的作家，同时他非常幽默风趣，时常妙语连珠。有一次，在婉转拒绝一位英国女士慕名求见时，他说:“假如吃了鸡蛋已觉得不错，何必还要认识那下蛋的母鸡呢？”言外之意就是，他作为一名作家，大家关注他的文章就好了，没必要对他这个人作深究。这样风趣的话语，不光化解了尴尬，也委婉地表明了自己不愿私生活被打扰的意愿。又一次，在谢绝了一笔高额酬金后，他笑道:“我都姓了一辈子‘钱’了，难道还迷信钱吗？”

在日常生活中，人们往往顾及对方面子，怕影响彼此交情，羞于开口拒绝，表达真实想法。因为大多数人习惯了做一个“好人”，总是压抑自己的需求和观点。所以常常因为无条件顺从别人，而令自己徒增许多烦恼。

面对外界强加的这些痛苦，人们选择逃避、忍耐，却不懂得如何拒绝。这可能与人们从小就接受的“仁义礼智信”教育有关，将助人为乐、与人方便看作德行的一个重要考量标准。

室友请求他人去取快递，他人即便手头有重要的事情在忙，也总是拉不开脸面说明情况，所以总是疲惫地应付。回来之后需要重新开始整理头绪，痛苦压抑，却又无处去说。很多人每天都在做着太多诸如此类的“举手之劳”，有时连句谢谢都得不到。

忙于复习准备考证，同学邀自己出去玩，不去就是不给面子。内心深处有个声音一直在告诉自己：不能去。可是反复思考，都没有找到适当的拒绝理由，担心理由不充分，破坏同学情谊。只好硬着头皮收拾好书本，强颜欢笑地陪同着，此时心里最不开心的是自己，还可能因此影响同学的大好兴致。

其实，面对这些情况，如果在一开始就如实说明原因，相信对方只要是一个还算明事理的人，就会理解自己的苦衷。有时候，真诚地拒绝，反而能赢得别人的尊重。

李娜和王媛在同一个公司任职，关系非常要好。在公司公派出国访谈的竞争中，李娜脱颖而出，赢得了这次难得的机会。王媛由衷地为她感到高兴，而且她也清楚这跟李娜平时的努力是成正比的。公司为李娜送行的那天，王媛有一个关系到自己人生大事的约会，而生性腼腆的王媛却不知道如何开口对李娜说，生怕扫了她的兴，最后只得放弃约会，参加了公司聚会。

在觥筹交错时，王媛一直心不在焉，心中老想着约会的事情，有几次甚至不小心将筷子弄到地上。李娜几次主动跟王媛讲话，她都答非所问。在王媛不小心摔碎了酒杯的时候，李娜终于忍无可忍地爆发了：“王媛，你成心跟我过不去是吧？是不是因为我获得了这次公派出国交流的机会，让你心里很不爽了？”

王媛有口难辩，慢性子的她一时又无法将事情说清楚，只好愤然离场。之后，两个人见面更是如同仇人一般，互相不搭理。或许，王媛一开始就将事情交代清楚，而不是违背自己的意愿去参加聚会的话，作为好朋友的李娜，肯定会理解并祝福她找到自己的幸福的。

学会拒绝，比学会接受更难。而在双方互相尊重的前提下，真诚地拒绝，可以摆脱很多麻烦。

有效控场三要素

1. 不要立刻拒绝

立刻拒绝，会让对方觉得自己是一个冷漠无情的人，甚至让对方觉得自己对他有成见，因此破坏友谊，影响人际关系的和谐。

2. 不要轻易拒绝

有时候轻易拒绝急需帮助之人，会让自己得知真相时极其后悔，同时还会失去很多获得友谊的机会。

3. 不要傲慢拒绝

一个盛气凌人、态度傲慢的人，任谁也不会喜欢亲近，在他人请求自己帮助时，若以傲慢态度拒绝，他人很难接受。最好婉拒，以不得已的苦衷，寻求谅解的途径。